$ 15.99

latin trading corp][libreria latino americana
539 h st. chula vista, ca. 91910. usa
p. 619.427.7867 | 1.800.257.7248 f. 619.476.1817
latintradingbooks.com
info@latintradingbooks.com
una ventana al conocimiento • an open window to knowledge

EL LIBRO DE LOS
NOMBRES HEBREOS

San Jerónimo

El libro de los
Nombres Hebreos

EDICIONES OBELISCO

Si este libro le ha interesado y desea que le mantengamos informado de nuestras publicaciones, escríbanos indicándonos qué temas son de su interés (Astrología, Autoayuda, Ciencias Ocultas, Artes marciales, Naturismo, Espiritualidad, Tradición...) y gustosamente le complaceremos. Puede consultar nuestro catálogo www.edicionesobelisco.com

Colección Biblioteca Esotérica
EL LIBRO DE LOS NOMBRES HEBREOS
San Jerónimo

1ª edición: mayo de 2002

Título original: *Liber Nominum hebraicorum*
Traducción: *Carmen de la Maza*
Diseño portada: *Michael Newman*

© 2002 by Ediciones Obelisco, S.L.
(Reservados todos los derechos para la presente edición)

Edita: Ediciones Obelisco, S.L.
Pere IV, 78 (Edif. Pedro IV), 4ª planta, 5ª puerta
08005 Barcelona - España Tel. 93 309 85 25
Fax: 309 85 23

Castillo, 540, Tel. y Fax. 541-14 771 43 82
1414 Buenos Aires (Argentina)
E-mail: obelisco@airtel.net

Depósito Legal: B. 20.415 - 2002
ISBN: 84-7720-933-2

Printed in Spain

Impreso en España en los talleres gráficos de Romanyá Valls S.A. de Capellades (Barcelona)

Ninguna parte de esta publicación, incluso el diseño de la cubierta, puede ser reproducida, almacenada, transmitida o utilizada en manera alguna ni por ningún medio, ya sea electrónico, químico, mecánico, óptico, de grabación o electrográfico, sin el previo consentimiento por escrito del editor.

Ciertos nombres de Dios consumen y otros riegan; ciertos Nombres de Dios matan y algunos otros dan la vida, ciertos Nombres de Dios suben y algunos otros descienden.

Estos Nombres divinos se escriben, se deletrean, se nombran y se cantan para dar las formas o para deshacerlas; es un secreto que Dios sólo confía a los renunciados que prefieren morir antes que matar.

Louis Cattiaux

ABECEDARIO HEBREO

LETRA	NOMBRE	PRONUNCIACIÓN EN CASTELLANO
א	ALEF	H (letra muda)
ב	BET	B
ג	GIMEL	G
ד	DALET	D
ה	HE	H (letra muda)
ו	VAV	W
ז	ZAIN	Z
ח	CHET	H (letra muda)
ט	TET	T
י	YOD	Y
ך	KAF FINAL	K (kh)
כ	KAF	K (kh)
ל	LAMED	L
ם	MEM FINAL	M
מ	MEM	M
ן	NUM FINAL	N
נ	NUM	N
ס	SAMEC	S
ע	AIN	H (letra muda)
ף	FEI FINAL	P, F
פ	FEI	P, F
ץ	TSEDI FINAL	TS
צ	TSEDI	TS
ק	KAF	Q, K
ר	RESH	R
ש	SHINE	S
ת	TAF	T

ABECEDARIO GRIEGO

LETRA		NOMBRE	PRONUNCIACIÓN EN CASTELLANO
May.	Min.		
Α	α	ALFA	A
Β	β	BETA	BE
Γ	γ	GAMMA	GA
Δ	δ	DELTA	D
Ε	ε	EPSILON	E
Η	η	ETA	E
Θ	θ	DSETA	Z
Ι	ι	IOTA	I
Κ	κ	CAPPA	CA
Λ	λ	LAMBDA	L
Μ	μ	MI	M
Ν	ν	NI	N
Ξ	ξ	GS (X)	QS
Ο	ο	OMICRON	O
Π	π	PI	P
Ρ	π	RO	R
Σ	σ-ζ	SIGMA	S
Τ	τ	TAN	T
Υ	υ	IPSILON	U (Franc.)
Φ	φ	FI	F
Χ	χ	JI	J
Ψ	ψ	PSI	PS
Ω	ω	OMEGA	O

INTRODUCCIÓN

Frente al proceso de descomposición del latín clásico que a partir del año 200 d.C. hizo decaer el esplendor virgiliano o ciceroniano, se interpuso el latín de los cristianos, cuya influencia conseguiría transmitir esta lengua a la baja Edad Media y desde el Renacimiento alcanzaría nuestros días. Tertuliano, y más tarde San Jerónimo y San Agustín contribuyeron decisivamente a ello tomando el relevo de los clásicos e impulsando al latín que con vuelos insospechados sobrevivió con éxito a pesar de las distintas etapas oscuras por las que atravesó.

La edición que nos ocupa presenta la traducción de una de las obras de San Jerónimo que mejor demuestra su gran cultura escrituaria y lingüística. Nuestro autor nació en Estridón, en la frontera de Dalmacia y Panonia hacia el año 347 d.C. Estudió retórica y filosofía en Roma, en la célebre escuela de Donato, que le enseñó a amar los clásicos. Después fue a Tréveris donde estudió teología y a causa de su devoción por las Sagradas Escrituras profundizó en los textos hebreos y arameos. Permaneció también un año en Antioquía aprendiendo griego para pasar luego al desierto de Calcis donde se dedicó a la vida ascética durante ocho años.

En su vida y en su obra se aprecian tres etapas bien definidas y diferentes entre sí que marcan su evolución espiritual y literaria: su experiencia en el desierto, su posterior estancia en Roma como consejero y secretario del Papa Dámaso y su instalación definitiva en Belén en los años de su madurez (386-420) donde compone gran parte de sus innumerables obras, dirige un monasterio y se dedica a la enseñanza y a la traducción.

Sin embargo, casi todo lo que sabemos sobre él se lo debemos a él mismo, por su correspondencia y así, del inicio de su vida espiritual conocemos aquel sueño que se ha dado en llamar "sueño jeronimiano" que lo introdujo de lleno en las profundidades contemplativas alcanzadas en el desierto de Calcis. En su carta catalogada con el número 22 que dirige a Eustoquia nos lo describe así: "después de largas vigilias de la noche, después de las lágrimas que el recuerdo de los pecados pasados me arrancaba de lo hondo de mis entrañas, tomaba en mis manos a Plauto y, si alguna vez volviendo en mí mismo me decidía a leer un profeta, su estilo tosco me repelía". La formación clásica de Jerónimo se resistía a dejar paso a la formación bíblica; es comprensible el sufrimiento que esta situación provocaba en él, hasta que un día... "a mediados aproximadamente de la Cuaresma, una fiebre que jugaba conmigo como la antigua serpiente, invadió mi cuerpo exhausto deslizándose por la médula y sin darme tregua alguna —lo que parece increíble— de tal manera devoró mis pobres miembros que apenas si me tenía en los huesos. Ya se preparaban mis exequias, y en mi cuerpo helado el calor vital del alma sólo palpitaba en un pequeño rincón de mi pecho, también tibio cuando, arrebatado súbitamente en el espíritu, soy arrastrado hasta el tribunal del Juez, donde había tanta luz y del resplandor de los asistentes salía tal fulgor que derribado por tierra, no me atrevía a levantar los ojos. Interrogado acerca de mi condición, respondí que era cristiano, pero el que estaba sentado a mi lado me dijo: mientes, tú eres ciceroniano, tú no eres cristiano pues: dónde está tu tesoro, allí está tu corazón." (Mt. 6,21)

Enmudecí al punto, y entre los azotes —pues el Juez había dado orden de que se me azotara— me atormentaba aún más el fuego de mi conciencia, considerando dentro de mí aquel versículo: Pero en el infierno ¿quién te alabará? (Sal. 6,6). Pero empecé a gritar y a decir entre gemidos: ten compasión de mí Señor, ten compasión de mí (Sal. 56,2). Este grito resonaba entre los azotes. Al fin, postrado a los pies del presidente, los asistentes le suplicaban que concediera perdón a mi mocedad y me permitiera hacer penitencia por mí error; que ya terminaría yo de cumplir el castigo si alguna vez en lo sucesivo leía los libros de las letras paganas.

En cuanto a mí, puesto en un trance tan terrible, estaba dispuesto a hacer promesas aún mayores; por eso empecé a jurar y apelando a su mismo nombre dije: Señor, si alguna vez tengo libros seculares y los leo, es que he renegado de Ti. Liberado en virtud de este juramento, vuelvo a la Tierra, y en medio de la sorpresa general, abro los ojos que estaban bañados con tal abundancia de lágrimas que el dolor expresado en ellos convenció aún a los incrédulos. Aquello no había sido un simple sopor ni uno de esos sueños vacíos con los que somos frecuentemente burlados. Testigo es aquel tribunal ante el que estuve tendido, testigo el juicio que temí —nunca me ocurra que vuelva a caer yo en tal interrogatorio–, que salí con la espalda amoratada y sentí los golpes aún después del sueño y que, en adelante, leí con tanto ahínco los libros divinos como nunca antes había puesto en las lecturas profanas."

A partir del año 382 d.C. encontramos a Jerónimo en Roma alcanzando la confianza absoluta del Papa Dámaso que lo convierte en su secretario personal. La compañía del Papa será para él un continuo aliciente para conocer y dar a conocer los secretos de la Sagrada Escritura. En torno a él se forman núcleos de personas consagradas a la vida espiritual y al estudio que le estimulan continuamente en sus trabajos exegéticos. Uno de estos núcleos fue el de la noble Marcela y un grupo de damas que se reunían regularmente con Jerónimo quien les enseñó hebreo y las introdujo en los misterios escriturarios.

Sin embargo, a la muerte del Papa Dámaso, sus detractores cayeron sobre él acusándole con toda clase de argumentos, incluso con sospechas relacionadas con las damas que instruía.

San Jerónimo de repente siente hastío de Roma y decide instalarse en Belén donde acabará su vida y su inmensa obra.

Su fama de filólogo se debe principalmente a su traducción de la Biblia al latín, denominada comúnmente Vulgata y que ha influido en la cultura occidental de todos los tiempos, pero para hacernos una idea más precisa de su trayectoria literaria incluiremos aquí una relación cronológica de sus obras.

CRONOLOGÍA DE LAS OBRAS DE SAN JERÓNIMO

Años 374-377

Primer comentario sobre Abdías (perdido).
Vita Pauli monachi.
Transcripción del Evangelio de los Nazarenos (Pseudo-Mateo).
Epistularum ad diversos liber unus (Cartas 1-17).
Altercatio Luciferiani et Orthodoxi..
Crónica de Eusebio de Cesarea (traducción).
XIV Homilías de Orígenes sobre Jeremías (traducción).
XIV Homilías de Orígenes sobre Ezequiel (traducción).
IX Homilías de Orígenes sobre Isaías (traducción).

Años 382-385

De Seraphim (Carta 18).
De Osana (Cartas 19-20).
De frugi et luxurioso filis (Carta 21).
De tribus quaestionibus legis veteris (Cartas 35-36).
II Homilías de Orígenes sobre el Cantar de los Cantares (traducción).
Revisión de los Evangelios.
Revisión de los Salmos (Salterio romano).
Adversus Elvidium de virginitate Mariae perpetua.

Ad Eustochium de virginitate servanda (Carta 22).
Ad Marcellam epistolarum liber unus (Cartas 23-46).
Ad Paulam consolatorium de morte filiae.

Años 385-393

Comentarios a Filemón, Gálatas, Efesios y Tito.
Comentario sobre el Eclesiastés.
Liber quaestionum hebraicarum.
Liber locorum.
Liber nominum hebraicorum.
Sobre el Espíritu Santo (traducción de la obra de Dídimo).
XXXIX Homilías de Orígenes sobre San Lucas (traducción).
Tractatus in Psalmos X-XVI.
Vita Malchi.
Vita Hilarionis.
Revisión sobre los LXX de la versión latina: Los libros de Salomón, los Salmos (salterio galicano) y Job.
Commentarioli in Psalmos.
Traducción del hebreo de: Isaías y los otros quince profetas mayores y los otros quince profetas mayores y menores, de los Salmos, de los 4 libros de los Reinos, de Job.
Comentarios a: Nahum, Miqueas, Sofonías, Ageo y Habacuc.
Epistolarum ad Paulam et Eustochium incertus numerus.
De viris illustribus.

Años 393-404

Adversus Iovinianum libri duo.
Revisión sobre el hebreo: Esdras y Nehemías.
Revisión sobre el hebreo: Las Crónicas.
Contra Iohannem Hierosolymitanum.
Comentarios: a Jonás y Abdías.

Comentarios sobre las visiones de Isaías.
Revisión del Comentario de Victorino sobre el Apocalipsis.
Comentario sobre San Mateo.
Traducción del hebreo: Libros Salomónicos.
Traducción del Peri Arjón de Orígenes.
Traducción de un tratado anónimo sobre la visión de Isaías.
Apologia adversus libros Rufini.
Liber tertius adversus libros Rufini.
Cartas 47-112

Años 405-410

Traducción de escritos ascéticos de: Pacomio, Teodoro y Orsiesio.
Traducción del hebreo del Octateuco.
Comentario a Zacarías.
Comentario a Malaquías.
Comentario a Oseas y Joel.
Comentario a Amós.
Contra Vigilantium.
Comentario a Daniel.
Comentario a Isaías.
Cartas 113-124

Años 411-419

Comentario a Ezequiel.
Comentario a Jeremías.
Dialogi contra Pelagianos.
Cartas 124-154.

LA PRESENTE EDICIÓN

El *Liber nominum hebraicorum* cuya traducción al castellano presentamos hoy procede de la colección de Patrología Latina editada en París, en 1845 por J.P. Migne cuyo volumen XXIII recoge distintas obras de San Jerónimo, además de la que nos ocupa. Las anotaciones, alguna de las cuales hemos conservado, pertenecen a Juan Martinay.

Por tratarse de un vocabulario que contiene la explicación del significado de los nombres propios bíblicos, nuestro autor, que utiliza el latín, su lengua materna, añade muchas aclaraciones en lengua hebrea puesto que los nombres que define vienen en ese idioma; también usa el griego aunque en menor grado.

Dadas las peculiaridades verbales y cabalísticas del hebreo, hemos preferido mantener el propio alfabeto que consta de 22 letras consonantes siendo esencial conocer el valor fonético de cada una de ellas pues una parte importante de su gramática procede directamente de su pronunciación específica.

Es por esta razón que San Jerónimo establece un orden alfabético que a veces no se corresponde con el castellano pero que hemos respetado, añadiendo entre paréntesis cada vez que lo hemos creído conveniente, el nombre en cuestión tal como lo encontramos ahora escrito en nuestra lengua. Debemos aclarar que los nombres que vienen en hebreo además de en latín pertenecen al original del santo filólogo. Observamos también la repetición de muchos de ellos citados en los distintos libros bíblicos y suponemos que sus razones tuvo para tales reiteraciones que a veces van acompañadas de distintas o más amplias definiciones lo cual hace imprescindible su mantenimiento.

El propio autor se encarga, como ya hemos dicho, de intercalar aclaraciones utilísimas que iremos encontrando a lo largo de estas páginas; nosotros ahora simplemente queremos destacar el valor fonético de las cuatro letras mudas que veremos constantemente en el texto. Son las que siguen:

א Es como la detención de la respiración, del aliento. En nuestra lengua equivaldría a una H muda como por ejemplo la que inicia la palabra hombre.

ה Es como una H pero aspirada.

ח Su sonido es parecido al de una J que algunos pronuncian como una CH.

ע Es una aspiración muy gutural, muy difícil de pronunciar para los occidentales pues se articula en el fondo de la garganta.

La presente traducción se ha realizado procurando respetar al máximo el estilo y la disposición de la obra; por ello aunque abundan las oraciones simples, muchas definiciones se estructuran como oraciones compuestas especialmente coordinadas con conjunciones y así encontramos a menudo las disyuntivas, o, o bien, o si quieres, etc.

Otra cuestión sería indicar que cuando se trata de locuciones sin verbo, la tercera persona del pronombre posesivo "su" al no poseer plural dejaría incompleta la definición pues si decimos por ejemplo "su casa" no precisamos sobre el número de personas a quien pertenece, y su género. Para hacer frente a esta dificultad, cuando el nombre que nos ocupa es plural, usamos el pronombre demostrativo gramatical, éste o él, en su genitivo plural, es decir, "de ellos" o "de estos" y así, traduciríamos en lugar de "su casa", "la casa de ellos"

Otra dificultad consiste en traducir los participios de presente latinos que pueden sustantivarse, aunque no siempre, o leerse como un adjetivo. Pongamos un ejemplo: el verbo amar, en su participio de presente AMANS, se puede traducir como "el que ama" o "el amante", En este caso pues, no habría problema pues escribiríamos "amante". Pero hay participios de presente latinos que no se pueden sustantivar en castellano como, por ejemplo, el del verbo CAPIO, "coger", que forzosamente deberíamos traducir como "el que coge".

En este último caso y para no confundir estos participios con la tercera persona singular o plural del presente de indicativo (voz activa) nosotros hemos optado por acompañar, al verbo con el pronombre relativo "que" y así decimos por ejemplo: que viene, que camina, que come, etc.

Finalmente, nos resta indicar que al haber conservado parte de las notas de J. Martinay que figuran en el texto de la edición de Migne y que hemos numerado convenientemente, nos parece apropiado relacionar las notas aclaratorias del traductor, o notas bene, con números romanos.

PRINCIPALES ABREVIATURAS

a.C.	Antes de Cristo.
d.C.	Después de Cristo.
Bl. LXX	Biblia griega o traducida al griego por los Setenta Intérpretes
cf.	Confer, compárase, consúltese.
Dic.	Diccionario
etim.	Etimología
Mit.	Mitología
Not.	Nota.
V.	Véase

LIBROS DEL ANTIGUO TESTAMENTO

Gn.	Génesis
Ex.	Éxodo
Lv.	Levítico
Nm.	Números
Dt.	Deuteronomio
Jos.	Josué
Jue.	Jueces
Rt.	Rut
I S.	1º de Samuel

2 S.	2º de Samuel
I R.	1º de los Reyes
2 R.	2º de los Reyes
I Cr.	1º de Crónicas
2 Cr.	2º de Crónicas
Esd.	Esdras
Neh.	Nehemías
Est.	Ester
Job	Job
Sal.	Salmos
Pr.	Proverbios
Ec.	Eclesiastés
Cnt.	Cantar de los Cantares
Is.	Isaías
Jer.	Jeremías
Lm.	Lamentaciones
Ez.	Ezequiel
Dn.	Daniel
Os.	Oseas
Jl.	Joel
Am.	Amós
Abd.	Abdías
Jon.	Jonás
Mi.	Miqueas
Nah.	Nahum
Hab.	Habacuc
Sof.	Sofonías
Hag.	Hageo
Zac.	Zacarías
Mal.	Malaquías

Libros del Nuevo Testamento

Mt.	San Mateo
Mr.	San Marcos
Lc.	San Lucas

PRINCIPALES ABREVIATURAS

Jn.	San Juan
Hch.	Hechos de los Apóstoles
Ro.	A los Romanos
1 Co.	1º a los Corintios
2 Co.	2º a los Corintios
Gá.	A los Gálatas
Ef.	A los Efesios
Fil.	A los Filipenses
Col.	A los Colosenses
1 Ts.	1º a los Tesalonicenses
2 Ts.	2º a los Tesalonicenses
1 Ti.	1º a Timoteo
2 Ti.	2º a Timoteo
Tit.	A Tito
Flm.	A Filemón
He.	A los Hebreos
1 P.	1º de San Pedro
2 P.	2º de San Pedro
1 Jn.	1º de San Juan
2 Jn.	2º de San Juan
3 Jn.	3º de San Juan
Jud.	San Judas
Ap.	Apocalipsis

El libro de los Nombres Hebreos

NOTA PRELIMINAR DEL AUTOR

Cuando los hebreos escriben al principio de un nombre la letra א no siempre debemos traducirla como "A" pues a veces esta letra tiene un sonido aspirado como pasa con la letra ע, con la ה o con la ח que cambian sus prolongaciones fonéticas. Por lo tanto, hay que saber que tanto en el Génesis como en los demás libros de la Biblia, cuando un nombre empieza por una vocal, los hebreos usan distintos elementos. Pero nosotros que no poseemos su variedad de pronunciación, nos vemos privados de su riqueza única que permite dar distintos sentidos a los nombres.

Libros del Antiguo Testamento

GÉNESIS

AETIOPIA (Etiopía) Tinieblas o calígine, como interpretan los latinos.
ASIRIOS, de los De los que guían.
ADAN Hombre o formado de la tierra o indígena o tierra roja.
ABEL Aflicción o vanidad, humo, o bien, miserable.
ADA Testimonio.
ARARAT Armenia o monte roído, mordisqueado.
ASHENES[1] (אשכנז) Fuego que rocía.
AEVILA (EVILA) Que sufre o parturienta.
ARCAB Envidia.
AZUR Dirigente, feliz o caminante[I].
ANANIM Los que contestan al agua.
AMORREOS[2] Amargos o que hablan.
ARUCEOS Aquellos que están a mi alrededor con la finalidad de murmurar de mí.
ASENEOS Los que me aligeran.
ARADIOS Mi vendimiador oportuno.
AMITI. Mi indignación.
ADAMA Tierra o formado de la tierra.[II]
ARXACHAD Curación de la corrupción.
ARAM Elevado.
ASARMOT Atrio de la muerte.
ADORAM Generación elevada.
AIZEL (Uzal). Que avanza.
ABIMAEL Padre de Dios.
ABRAM Padre elevado.

---

1. También שכנו, localizarse en un lugar. Ver además שכן, habitar, permanecer, residir.
I. Caminante, del latín "gradus", es decir, que pasa. También, escalón, grado.
II. Del latín "adamas", diamante.
2. Orígenes, en la homilía sobre Números, dice: "El rey de los amorreos que se traduce como añadidos en la amargura o parlantes.". Evidentemente procede de מרר, ser amargo.

ARRAM (אזן). Cofre, arca o caja.
AEGIPTO (Egipto) Tribulación, estrechez.
AGAI Pregunta o alegría.
AMRAFEL El que sucumbe[III].
ARIOC Ebrio o embriaguez.
ASTAROT Crecimiento de riquezas producido por el aumento del ganado.
AMALEC. Raza animal que lame o chupa.
AGAR Advenediza o conversa.
ABRAHAM Padre que ve al pueblo.
AMMON Hijo de mi pueblo o pueblo de la aflicción.
ABIMELEC Mi padre el rey.
AZIA Vidente.
ARBEE Cuatro o cuarta.
ASURIM Bosque.
AFER Polvo o ceniza.
ABIDAHE Padre mío conocedor.
ADER[3] (עדר). Rebaño.
ASER Felicidad.
ANA Respuesta o que responde.
ALVAM El que mira desde arriba.
AJA Lugar sombreado.
AMADA Deseable.[4]
ACAN Necesidad, o bien, su fatiga.
ARAN (חרן). Iracundo o adorno.
ADAD Particular. También, perteneciente al tío paterno.
AVIT Excesiva.
ACOBOR Ratones.

ADOLAMITA Que da testimonio del agua.
ANAN Tristeza de ellos o trabajos.
ASENET Ruina.
AHOD Ínclito.
AMUL Que ahorra.
AGI Mi alegría.
ACHERI (ההרי). Que se desvía.
AREODI Vendimiador suficiente.
ARIEL León de Dios.
AJI (Bl. LXX 41,18). Mi hermano.
ARAD Que desciende.
ASOM Ligeros.
ATAD Testimonio
BABILONIA Confusión.
BETEL Casa de Dios.
BARA (ברע) En la maldad, o bien, criatura.
BALAC El que hace caer o devora.
BARAD Granizo.
BUZ Que mira desde arriba o desprecia.
BATHUEL Doncella de Dios.
BERI (באר י) Mi pozo o de mi pozo.
BASEMOT En los nombres, o bien, que delinque. También, que viene o está situado.
BALA Inveterada.
BALAAM Sin la sustancia de ellos o que está en ello, o bien, sin pueblo.
BENJAMÍN Hijo de la derecha.
BEOR En la piel.

III. Del hebreo רפה. Débil, sin fuerzas.
3. עדר, también significa disponer de algo, no necesitar.
4. Amado. En lugar de *Abdam* o *Adamá*, en muchos libros encontramos su anagrama AMADA, por ejemplo en Génesis 36,26: "Estos fueron los hijos de Disón: Amada y Asban, etc.".

BESORA En la tribulación o en la angustia.
BADAD Particular.
BALAANAN Que posee la gracia.
BASAN Gracia.
BARIA (בריעה). En su clamor.
BACOR Primogénito, en alforjas, o bien, entré en el cordero.
CAIN[5] Posesión o lamentación.
CAINAN Lamentación o posesión de ellos.
CITI Dementes o estupefactos.
CARNAIM Cuernos.
CADES Santa o cambiada.
CENEOS (Cinai)[6] Que poseen.
CENEZEOS Celosos o posesivos.
CAMUEL Resurrección de Dios o bien enderezamiento.
CEDAR[7] Tinieblas o tristeza.
CEDMA Oriental o que antecede.
CAAT Dientes molares. También, paciencia.
CHERUBIM (Querubin). Ciencia aumentada o multiplicada.
CHAM (חם) Fogoso [IV].

CHETIN (כתים) Destruido. Pero hay que saber que en hebreo la letra "CH" no existe por lo que en su lugar se escribe ה que se pronuncia con una doble aspiración.
CUS Etíope.
CANAAN[8] Movimiento de ellos. También, negociante o humilde.
CALNE Consumación futura o bien, todos nosotros.
CALACH (כלח) Como ufano o verdeante[V].
CASLUHIM Región escondida para ellos.
CAFTORIM Manos de espía o torturador, pero mejor leer Capadocios.[VI]
CHETEOS (חתי) Abandono del alma, o bien, estar hundido o amputado. Pero este nombre en hebreo no empieza con una consonante sino con una ה, como ya he explicado más arriba.
CALDEOS (כשדים) Parecido a los demonios. También, parecido a los groseros o a los feroces[VII].

---

5. En nuestro códice (la variante): posesión, adquisición.
6. Orígenes, en su homilía sobre Números, dice: "Cinai, que se traduce como el que posee.", es decir, del verbo קנה, poseer.
7. San Hilario de Poitiers en su *Exposición sobre los Salmos*, a propósito del Salmo 118 dice: "Cedar, según la lengua hebrea que nosotros pronunciamos, equivaldría a estar oscuro.".
IV. Se refiere a Cam, hijo de Noé.
8. Orígenes en su homilía sobre el Exodo dice: "Se dice que eran habitantes de Canaan porque eran nómadas y cambiantes, lo que procede de la raíz נוע, movimiento o estar agitado San Jerónimo dice también, por כנע y humilde por la raíz כנע, sometido, humillado, vencido.
V. כלח. Significa vejez, senilidad, debilidad, pero considerando le letra hebrea כ como prefijo, la palabra que traduce San Jerónimo es לח, fresco, verde, jugoso.
VI. Capadocios. Habitantes de Capadocia, región situada al este de Asia Menor. Este nombre se aplicaba a menudo despectivamente a cualquier asiático.
VII. כשדי. Se traduce como astrólogo, brujo, taumaturgo o mago.

CHARAN (חרן) Agujero o cólera. También, el que cava. Pero este nombre hebreo empieza con la ח.
CHEBRON (חברון) Conjunción. También encantador o eterna visión. Este nombre empieza con ח.
CHEDORLAOMER (Quedorlaomer) (כדרלעמר). Como si fuera una reproducción de un manojo de espigas o un decorado.
COREI Referente a las cuevas llamadas Troglitas[VIII].
CHOBAL Condenación.
CHASED Una especie de salteadores como los caldeos.
CHET Que golpea.
CHETURA (קטורה) Incienso que se ofrece, o ligada, unida.
CHOADAD (Hadad), Cosa o algo particular.
CHABRAT Como si fuera un elegido o que tiene peso.
CHORI[IX] Cólera o pasta de harina. También, después de mí o mi caverna.
CHAZIB (Bl. LXX. 38,5). Mentira.
CHARMI (Carmi). Mi viña o mi conocimiento.

CHABOR (חבור) Conjunción. También, encantador. Este nombre se escribe con la letra ח.
DAN Inicio o que juzga.
DEDAN Solitario o bien que pertenece a sus hermanos menores.
DASEN Freno.
DECLA Sutil o bien lugar poblado de palmeras.
DAMASCO (דמשק) Libación de sangre o beso de sangre. También, tela de saco.
DEDAM Juzga.
DUMA Que calla.
DEBORA Abeja o elocuencia.
DESON Protuberancia sólida o bien, la pisoteará. Así se expresa en el idioma siríaco, pero en el resto de las lenguas hebreas, se traduce como grosura o ceniza, es decir, ceniza de los holocaustos[9].
DESAN Igual que el nombre anterior, pero también es correcto que algunos piensen que puede traducirse como elefante robusto.
DENABA Juicio que concede.
DOTAIM (דתן) Su pasto verde o separación adecuada.

VIII. Del griego "trogle", agujero, y, "dyno", me meto, entro. Así pues ôñùããùí, es decir, troglodita, equivale a habitante de las cavernas.

IX. En hebreo חרי (Hori).

9. *Deson, Dison* דישן, significa protuberancia sólida, o bien, pupila pues se escribe con די que tanto Jerónimo como Aquila traducen como robusto, sólido y אישון (Ison) que en latín se traduce como pupila del ojo. En siríaco, sin embargo, la palabra *Dison* significa "la pisoteará", del verbo דוש (dus) o דיש (dis) que con el sufijo de la tercera persona del femenino singular הו (oh) es como si se leyera *Disoh*, la pisoteará. En hebreo, como muy oportunamente nos enseña Jerónimo, Dison es una voz derivada de דשן (dasan) que significa grosura o ceniza.

EDEN Voluptuosidad, placeres o adornos.
EVILA Que sufre o parturienta.
EUFRATES Fructífero o creciente.
EVA Vida o desastre o ¡Ay de mí!
ENOC Dedicación.
ENOS Desesperado o violento.
EVEO Salvaje o malvado.
EBER Que se traslada.
ELMODAD Propio de su madre o medida de Dios.
ELASAR Desviación de Dios o la que separa.
ESROM (חערי) Dardos de las tropas.
ESCOL Racimo de uva o todo fuego.
EFRON Polvo de tristeza o polvo inútil. También polvo de ellos.
ELDE (ארדעה) Para la ciencia o de la ciencia.
ETEOS Asustado o estupefacto.
EDOM Rojo o de la tierra.
EMOR Asno.
EFRATA Profusión o bien cubierta de polvo.
ESER Simulación o también imagen.
ESBAN Fuego de ellos.
EFRAIN Fructífero o creciente.
ESROM (חצרון) Que ve la flecha.
ESBEL (אשבע) Fuego inútil o también viejo.

Hasta aquí hemos insertado los nombres que deben leerse con la inicial "E" breve; a partir de ahora los leeremos con la misma vocal prolongada.

ELISA Dios mío o salvación de mi Dios. También, salvación o junto a una isla.
ELAM El mundo o el siglo.
EMIM Horribles.
ELIECER Auxilio de Dios.
EFA Descuidado o bien medida.
ESAU[10] Cosa hecha, terminada. También, hecho de madera o montón de piedras, inútil o vano.
ELON (אלון)[11] Región campestre, También, de roble.
ELIFAZ El oro de mi Dios.
EMAM (חימם) Su calor.
EBAL (עיבל) Terraplén viejo o montón de piedras.
ELA Terebinto.
ER Vigilias o de piel. También, reanimado o efusión.
ENAIM Ojos o fuentes.
HERON (Bl. LXX ηρωων pero en la Vulgata, Gessen). Frente a ellos, de ellos o bien en la vigilia de los dolores.
FISON Apertura de la pupila o bien cambio de boca.
FUT Libia o bien desviación de la boca.
FETRUSIN Que desliga la medida.

---

10. También puede traducirse como rojo o vicioso.
11. Si se refiere a la voz עדום, se traduce como hecho de roble.

FILISTEOS[12] Los que caen o caída en la bebida o los que caen en la bebida.
FARAÓN Que disipa o destapa.
FALEC Que divide.
FEREZAI Los que separan o los diseminados. También, los que fructifican.
FARAN[13] Su ferocidad.
FICOL La boca de todos. Se refiere a la boca, no al hueso.[X]
FILISTIM Doble caída.
FALDAS Caída en la pobreza o germen que cae.
FAU (פעו) Nada o de repente.[XI]
FIENON Para su boca o vínculo oral.
FUTIFAR (פוטיפר) Boca que se inclina para ser diseccionada.
FARRÉS División.
FETREFE (פוטיפרע) Ternero de Libia o bien aquel que descubre. También, división cierta o boca que se desvía.
FALLU Admirable.
FUA (פועה) Aquí en este lugar. También, rojo.
FANUEL Rostro de Dios.
GEON (היכון) Pecho o también vehemente.

GOMER Adquisición, consumación o perfección.
GERGESEOS Que rechaza al residente o al forastero que se aproxima.
GERARA (גררה) Vio cómo rumiaba o se marchitaba.[XII] También puede interpretarse como **GEDERA** (גררה), es decir tapia o seto.
GAZA Su fuerza.
GOMORRA (עמרה) Discordia o temor del pueblo. Hay que saber que en hebreo la letra "G" no existe: en este caso, se sustituye por la letra ע.[XIII]
GETER Molino vidente o vecino observador.
GEBAL (עיבל) Pared escarpada o fortificación vieja.
GERARIS Forasteros cercanos. También que embisten con los cuernos.
GAAM Empalizada ardiente.
GAD Tentación o salteador de caminos, También, buena suerte.
GALAAD Acumulación de pruebas o traslado de testificaciones o declaraciones. Sobre el sentido jurídico de este nombre ya hemos hablado ampliamente en nuestro "Libro de Cuestiones Hebraicas".

---

12. Orígenes en su homilía sobre el Exodo, define filisteos como los que caen en el pueblo, leyendo "bebida" (*poculum*) por "pueblo" (*populus*).
13. Antiguamente encontrábamos "fertilidad" (*feracitas*) por "ferocidad" (*ferocitas*).
X. En latín, el nominativo *os*, significa igualmente boca o hueso, por esto hay que recurrir, por ejemplo, al genitivo singular que si se trata de hueso diría, *ossis*, y si se trata de boca diría, *oris*.
XI. En hebreo la letra פ puede leerse como F o como P.
XII. San Jerónimo divide la palabra גררה en גרה, rumiar, y רה, ver.
XIII. La letra ע, aunque muda, se pronuncia con una aspiración muy gutural que se parece a una G profunda.

GATAM (נעתם) El que toca, (antes) rió.
GESEN (נשן) Que se acercan o vecindad.
GERSON Extranjeros en el lugar o que están exiliados.
GERA Reflexión o habitante.
GANI (גוני) Mi elevación o mi jardín.
JOBEL (יבל) Que hace bajar o fluye. También, alteración.
JOBAL Que precipita o hace bajar
JARED Que desciende o refuerza.
JAFET Amplitud.
JAVAN [14] Está y no está. En siríaco significaría paloma.
JEBUSEO Aplastado. También su cuadra[XIV].
JECTAN (יקטן) Pequeño.
JARE Luna.
JOHAB Del padre mago. También que mana.
JESCHA Tabernáculo o su unción.
ISMAEL Audición de Dios.
ISAAC Risa o alegría.
JEDLAF Que levanta la mano, o bien, la mano frente a la cara.
JEXAN (יקשן) Duro o que endurece.
JESHOC Reducido a ceniza. También, tacto.
JETUR Dirigido u ordenado.

JUDIT Que alaba o reconoce. También, Judea.
JACOB Suplantador.
JUDA[15] Alabanza o reconocimiento.
ISAACHAR Es recompensado.
JOSE Aumento.
JORDAN Su descenso.
JOR (יאר) Torrente.
JABOC Arena, o bien, lucha.
JEUS (יעוש) Que guarda, que establece. También, conmovido.
JEGLAM Que mira desde arriba.
JETRAN Lo que les sobra.
JETET Que da.
IRAM Descenso de la ciudad, o bajada a la ciudad.
IRAS (הירה) Vi a mi hermano o visión de mi hermano.
JAMUEL Su día, Dios.
JAMIM Derecha.
JACHIM Que prepara.
JOB Mago.
JOALEL Vida de Dios o Principio de Dios, o que está esperando a Dios.
JEMNA Marina o fácil de contar.
JESUA Planicie o es mi deseo, o bien, ciertamente Salvador.
JESUL Es un dolor o una aflicción
JESAEL Doble (o mitad) de Dios.
JESAR Ficción.
LAMEC Humillado, golpeado o abatido.

---

14. En hebreo se escribe יון con tres letras, de manera que pueda signifcar las iniciales de יש (está o hay),ו (y), אן (no está o no hay).
XIV. Del hebreo יבוסי, cucaracha. También, hipócrita.
15. Judas en la lengua hebrea se traduce como confesión y en la forma verbal hifil, ידה que es una perifrástica de obligación (que en castellano sería "el que debe reconocer").

LUDIM Nacimientos o beneficios seguros.
LAABIM Quemados o inflamados.
LASA Con salud.
LUD Útil.
LOT Vencido o desviación.
LABAN Blanco resplandeciente.[XV]
LATUSIM Que golpean con un martillo.
LOMIM Tribus o madres.
LIA Laboriosa.
LEVI Añadido, o asumido.
LOTAN Sus cadenas o él mismo está encerrado.
MAIAEL ¿Quién es el Señor Dios? o Dios de vida.
MATUSALEN Envío de la muerte o muerto. También, interrogó.
MALELEL Que alaba a Dios.
MAGOG ωμά, es decir, oculto o subterráneo. También, dulcificado.
MEDAI La medida o lo suficiente.
MESEC Prolongación. También, deficiencia o comprimido.
MISRAIM Sus enemigos, o bien, la medida. Egipto es llamado Misraim.
MESA (משא) Agua ligera o elevación.
MELCHA Su reina.
MAMRE Sobre la visión o transparente.

MASEC (משק) Que da a beber o propina.[XVI]
MAACHA Rota o fracturada.
MAEDAM (מדן) Disputa.
MADIAN[16] Sobre el juicio o la causa.
MASSAN Sobre las cosas agradables.
MASME Lo que se oye claramente.
MASSA Peso, masa, o bien, que se levanta.
MELET (מהלת) Coro de voces, o bien, desde el principio.
MEZA Aparezco.
MANAT (מנחת) Que descansa o que recompensa.
MASRECA Impuesto inútil, o bien, que protesta o arruina.
METABEL ¡Cuán bueno es Dios!
MATRAID Persecución o vara que golpea desde arriba.
MEZAAB Agua de oro, o bien, agua que fluye.
MABSAR Protegida.
MAGDIEL Sobre el compromiso de Dios o torre de Dios, o bien, Dios me engrandece.
MEDIANEI Que juzgan.
MENASES Olvidadizo.
MERARI Amargo o amarguras.
MELCHIEL (Melquiel). Rey mi Dios.

XV. San Jerónimo para traducir LABAN emplea la voz latina "candidus": brillante o blanco resplandeciente. También, puro, inocente, transparente, lúcido, etc.
XVI. El verbo latino "propinare", también puede traducirse como brindar, o bien, beber un sorbo y dar a beber a otra persona el resto de la copa.
16. En Hebreo מן, "de" y דין, "juicio".

MACHIR (Maquir). Que vende.
MELCHISEDEC (Melquisedec). Rey Justo.
MEFIN Sobre la boca.
NAID Movimiento o fluctuación.
NOEMA Atractivo o voluptuosidad. También, fe.
NOE Descanso, reposo.
NEMROD Tirano, prófugo o trasgresor.
NINIVE Hermosura u origen de la hermosura.
NEFTUIM. Que esculpen o abren.
NACOR Reposo de la luz o que descansa en la luz. También última súplica.
NABIOT Que profetiza.
NABDEL Que sirve a Dios.
NAFES Refrigerio o alma.
NEFTALI Me preservó o me enlazó.
NAET Que descansa.
NEMAN. Fiel. También su movimiento.
OREC (ארך) Longitud.
OCHAZAD Que coge.
OLIBAMA Mi tabernáculo en alguna parte o altura del tabernáculo.
ODOLAMITAS Que contesta a otro o testimonio en el agua.
OFIM (חפם) Cámaras nupciales.

Hasta aquí hemos leído nombres que empiezan con una "O" breve; a partir de ahora los pronunciaremos con una aspiración añadida.

OFIR (אפיר) o bien UFIR escrito con la inicial א se traduce como irritado o nervioso.
OX Voluntario.
OMAR Pueblo, o bien, amargo.
ONAN Su tristeza.
RIFET. Cavidad, boca u orificio que ve las cosas buenas.
RODI En hebreo Rodim, Rodanim (רדנים) o Dodanim (דדנים) que se traduce como: que descienden, tío paterno que juzga o visión del juicio.
RAAMA Trueno o excelsa.
ROBOT Inclinación o plazas públicas, calles anchas.
RAGAU Que está enfermo.
RAFAIM Gigantes.
REBECA[17] Paciencia, mucha paciencia, o bien, que recibe mucho.
REMA O RUMA (ראומה) Que ve algo o excelsa.
RACHEL (Raquel)[18] Que ve el Principio o que ve a Dios. También, visión de la desgracia u oveja. Se puede leer de una u otra manera según el sonido de las letras y

---

17. Induce a pensar que este nombre procede de רבה o רבב, que significa abundancia, numeroso, mucho o multiplicar, y, קיה que significa esperó o aguantó.
18. Raquel significa oveja cuando se escribe con la letra ח, es decir, רחל. Si se escribe con א, es decir, ראה y אל, quiere decir "que ve a Dios". Si se escribe ראה y הלל se traduciría como "vidente del principio". Si se escribe ראי y רע, quiere decir "visión de la desgracia".

así, los mismos nombres poseen significados muy distintos.
RUBEN Que ve a un hijo o que ve en el centro.
RAGUEL Pastor de Dios o Dios es su alimento.
RAMSES (רעמסס) Forraje o tiña, es decir, enfermedad de la tiña.

La letra "S" tiene para los hebreos tres sonidos distintos: la ס que se pronuncia simplemente como nuestra "S", la ש que se lee con un tono más agudo y la צ cuyo sonido profundo no puede ser captado perfectamente por nuestros oídos.

SELA Su nombre.
SET[XVII] Emplazamiento o posición. También, copa (recipiente) o profundo. Otras acepciones serían, simiente o resurrección.
SEM Nombre o denominado.
SABA (שבא) Cautivo o cautividad. También, ciertamente hace girar.
SABTA Que gira o da la vuelta.
SABACTA Que gira a tu alrededor o alrededor de tu lugar sagrado.
SINAR Sus caries dentales o su mal aliento.
SIDON (צידן) Persecución de la tristeza.
SIMARERO Mi lana o próximo a mí, o bien, el mejor guardián.

SODOMA Animal. Ceguera o que no habla. También, apariencia de ellos.
SEBOIM De las cabras o de los ciervos. También, estación marítima o muelle.
SALA (שלח) Enviada.
SOFERA (ספרה) Libro o narración.
SERUG Correa (cordón), o bien, perfecto.
SARAI Mi princesa.
SICHEM (Siquem). De la espalda o trabajo.
SOOR Pequeña.
SINAB Caries del padre o mal aliento del padre.
SEMEBAD Nombre de perdición o allí (está) la perdición.
SEGOR (צער) Pequeña. Este nombre tiene el mismo significado que Soor pero con la diferencia que su letra central es una ע
SAU (שוה) o **SAVE**. Dignidad o elevación.
SEIR Velludo o erizado.
SARA Princesa.
SUR Muralla, pared escarpada o continente.
SABA (צבא) Conversión, o bien, red.
SUE Canción o que habla.
SIMEON Atención, o bien, nombre de una vivienda.
SALEM Paz o que restituye.

XVII. En hebreo Set (שת) quiere decir, fundamento, soporte, parte posterior. San Jerónimo también lo traduce como copa, es decir, aquello que es capaz de ser llenado, que tiene capacidad.

SICHEMORO (Sico-moro). De espaldas. Es el mismo nombre que Siquem pero en latín y en griego tiene otro sonido.
SEBEON Que permanece en la iniquidad.
SOFAR Su observador. También, cuerno (trompeta).
SAMA Perdición.
SOBAL Inútil, vieja. También traviesas o vigas para ser cargadas.
SAFON Observador.
SALAMA Vestido o persona pacífica.
SAUL Deseado vivamente.
SAVA (שוח) Elocuencia o clamor.
SELA (שלה) Como ella o su petición o dimisión.
SAFNAT-PANEA Así está escrito de una manera incorrecta. En hebreo leemos צפנת-פענח que se traduce como el que descubre los secretos, las cosas ocultas. Sin embargo, en Egipto, donde se emplea esta palabra, significa salvador del mundo.[XVIII]
SEMROM Nombre del vidente o vigilante.
SARAT Para descender.

SEFION Ha salido de la boca para (ocasionar) la tristeza.
SONI Mi pupila o mi subalterna.
SARE (שרה) Malicioso o que protesta.
SIRTA Sublime o húmeda.
STAULAM Enraizado.
TABE El que mata o destruye.
TACHOS (תחש) Que guarda silencio.
TALAM Rocío.

Hasta aquí los nombres escritos con la letra "T" simple; a partir de ahora leeremos los que tienen añadida alguna aspiración.

THOBEL o **THOBAL** Llevados a la aflicción. También, convertidos o girados en un único sentido.
THIRAS Que teme o regresa, también superfluo.
THOGORMA El interior de alguien o el intermediario.
THARSIS Observadores de la alegría, o bien, gozo o placer.[XIX]
THARA Captadores de olores. Investigación de una ascensión, o bien, pasto para el ganado.

XVIII. Nombre que el faraón dio a José, hijo de Jacob (cf. Gn..41,45).
XIX. El mismo San Jerónimo en su carta nº 37 a Marcela, a propósito del nombre THARSIS dice lo siguiente: "Me admiro grandemente de que un hombre elocuente, aparte de otras inexactitudes de sentido, pensase que Tharsis era Tarso, la ciudad en la que nació el apóstol Pablo. Ciertamente la misma palabra la tenía en Ezequiel donde escribe de los cuatro animales: *El aspecto de las ruedas era como el aspecto de Tharsis* (Ez. 10.9), y en Daniel, hablando del Señor, dice: *Y su cuerpo como Tharsis* (Dn. 10,6), lo que Aquila traduce como crisolito y Símaco como jacinto, y en los Salmos: *Con viento impetuoso quebrantarás las naves de Tharsis* (Sal. 47,8).

THAGAL Que conoce el yugo, o bien, observador.
THAMAR Palma, o bien, amargura que transforma.
TEMAN Viento del sur o de Africa.
THAMNA Que prohíbe o separa.
THAMNAT (תמנת) Parte perfecta o consumación otorgada.
THOLAE Gusano o cochinilla (insecto).
THESBON Rápido de entendimiento.
US (אוץ) Consejero.
UL Que sufre o parturienta.

USAM (חשם) Su impaciente.
ZEMRAM Su canción, o bien, que indica el tiempo.
ZELFAN (זלפה) Mueves la boca. (V. Not. X).
ZABULON Su habitáculo o habitáculo de fuerza. También, su ley o flujo de la noche.
ZARA Oriente o donde nace el sol.
ZAVAN Movimiento o fluctuación.
ZAZOMIM Dispuesto en formación. También ¿Qué es esta agua?

ÉXODO

AARÓN Montaña fuerte o de fortaleza.
ASER Feliz.
AHEBERIM (העברים) De los hebreos o de los que pasan.
AFEREZEI (הפרזי) Separados o fuera de las murallas.
ANACIM Humildad o humildes vanos o que se sublevan. También, respuesta vana o argolla cerrada alrededor del cuello.
AOD (אהד) Glorioso.
AMRAM Pueblo elevado.
ABMINADAB Mi pueblo espontáneo.
ABIU Es mi padre, o bien, el mismo padre.
ASIR Atado.
ABIASAF Recolección o cosecha de mi padre.

AMALEC Pueblo de langostas o pueblo que lame.[19]
ABIUD (אביהוא) Su padre o padre fuerte.
ACHERUBIM (עהכרבים) (Aquerubim) Conoce o entiende. También, mucha ciencia.
ACHISAMEC (Aquisamec). Que robustece a mi hermano.
BESELAEL A la sombra de Dios.
BEELSEFON Que tiene un puesto elevado de vigilancia, un mirador.[20]
CAAT Paciencia, sufre o reúne. También, muelas.
CADES Santo.
CANANEOS Negociadores, o bien, este pobrecillo. También, preparado o humildad.
CARMI Mi fuerza, o bien, conocimiento del agua.

---

19. Amalec. Es incorrecto leer "pueblo de brutos", pues en latín dice bruchum (que en castellano significa langosta o saltamontes sin alas). En hebreo עם significa pueblo y ילק bruchum (langosta). También puede leerse como עם (pueblo) y לקק (que lame).
20. Se deduce que procede del verbo בעל que significa dominar, poseer, y, צפה, vigilar, observar.

CHERUBIM (Querubín). Mucha ciencia o intelecto.
DAN Juicio o que juzga.
EBREOS (Hebreos). Transeúntes o que pasan.
EBRIOT Tránsito.
ETTI (חתי) Tuvieron miedo o estupor.
EMORI (אמרי) La madre, mi luz.
EVI (חוי) Fatal y violento.
ENOC Proclamó, dedicó.[XX]
EMORREO Que se vuelve amargo.
ESROM Que ve la flecha o antesala de la tristeza.
EBRON (Hebrón). Participación en la tristeza. Fortaleza o incremento eterno.
ELEAZAR Coadjutor de Dios o colaboración con Dios.
EDOM Rojo.

Hasta aquí las palabras que empiezan con "E" breve; a partir de ahora, nombres que empiezan también con "E" pero con sonido prolongado.

ELISAFAN Puesto de vigilancia de mi Dios o mi Dios oculto.
ELISABET Abundancia o juramento de mi Dios. También, el séptimo de mi Dios.
ELCANA Posesión de Dios.
ETAM Consumado, o bien, que emprende la navegación.
ELIM Carnero.
EFA Medida.
ELIECER Mi Dios coadjutor.
ELIAB Mi Dios padre.
FARAÓN Disipador, o bien, le descubrió.
FITOM Entrada en el abismo, o si quieres, inesperadamente[21].
FOA (פועה) Aquí (adverbio de lugar), o apareceré (me haré visible), pero sería mejor traducirlo como rojo o de color rojo.
FALLU Admirable.
FOTIEL Aquí (adverbio de lugar) se aparta Dios[XXI]. También, Dios se aparta o separación de la boca de Dios.
FINES Parco en el hablar o la boca descansó. También, augurio pronunciado a través de la boca.
FELISTIM Sucumbieron dos.
FASE Travesía o paso.
GAD[22] Tentación o ajustado (estrecho), o bien, bandido.

XX. El verbo latino que utiliza San Jerónimo es "dedicare" que también tendría el sentido de consagrar, revelar.
21. San Jerónimo cree que es una palabra derivada de פה, boca, entrada y תהום, abismo, aunque de hecho en hebreo se escribe פתם, no פתהום.
XXI. La palabra latina "hic" aquí (adverbio de lugar), o bien, éste (pronombre demostrativo). A veces, cuando se trata del adverbio, viene con acento circunflejo, es decir "hîc"
22. Pero también San Jerónimo en su carta nº 78 a Fabiola traduce GADGAD, es decir, גדגד, como preparar o anunciar algo.

ÉXODO

GERSAM Extranjera aquí.
GERSONI Exilio de ellos o extranjera aquí. También, pupila extranjera.
GADIEL Dios mi estrechura.
GADI Macho cabrío pequeño, o bien, mi tentación.
GAMALIEL Cercano o que redime.
GALAAD Pluralidad de un testigo. Sobre este asunto hemos hablado mucho en nuestro "Libro de Cuestiones hebraicas".
GONI Mi jardín o mi arrogancia.
GABAA Grandeza.
GOMOR Medida de los atenienses o mascarón de tres figuras.
ISRAEL El hombre que ve a Dios. Sobre este nombre hemos hablado largamente en nuestro "Libro de Cuestiones hebraicas".
IETHRO Lo superfluo de ellos.
IEBUSI Calzado, o bien, mi refugio.
IAMUEL Dios, su día.
IAMIN Derecha.
IACHIN (Laquim). Que prepara.
IESSAAR Es mediodía, mi unción, o bien, μεταφορικάζ es decir, metafóricos.
JOCABED Lugar donde se encuentra la gloria o la gloria del Señor. También, pesadez, gravidez.
JESUS (יהושע) Salvador.

IN (הין) Nombre de una medida para líquidos.
LEVI Añadido.
LABENI Hijo mío, o bien, yo (soy) un corazón. También, blancura, candor.
MITZRAIM Sus enemigos o Egipto.
MOISÉS El que pone la mano sobre algo o palpa. También el que ha sido sacado del agua, o bien, adquisición.
MEDIAN Sobre el juicio.
MERARI Amarga o amargura.
MOOLI Sobre la enfermedad o desde el comienzo. También grupo coral.
MUSI El que me palpa o me toca.
MISAEL Tacto de Dios, o bien, ¿Quién me interrogó?
MAGDOLA (מגדל) ¿Quién es grande? También torre.
MOAB Sobre el padre.
MARIAM Iluminación mía o que los ilumina. También mirra o estrella del mar.
MERRA (מרה) Amargura.
MARAT (מרתה) Amarga.
MAN ¿Qué?[23]
NEFTALI Extensión[XXII].
NEFEC (נפג) Tizón ardiente o carbón. También seducción.
NEESON Que augura o augurio fuerte.

---

23. Podría leerse también ¿qué es esto?
XXII. E. d´Hooghvorst, traduce NEFTALI como "mi lucha a causa de la dulzura de la Tora". (נפח).

NADAB Voluntario.
NAVE (נוו) Simiente, germen o hermosura.
OZIEL Dios es mi fuerza.
OMER Que crispa o manojo.
OLIAB Padre mi protección.
OEFI (איפה) Medida de capacidad para áridos equivalente a tres fanegas.

Los cuatro nombres que siguen deben leerse con la inicial "O" prolongada.

OREB (חורב) Ardor, sequedad o soledad. También, cuervo.
ORI Mi luz.
ON Trabajo o dolor.
OR Ira.
RUBEN Ver un hijo o ¡Ved al hijo!
RAMSES Grito de dolor. También enfermedad de la tiña.
RACHEL (Raquel). Pastor de Dios o Dios es su amigo.
RAFIDIM Mi mano relajada o juicio sano. También, visión de una boca suficiente para ellos[24].
SIMEON Oyó la tristeza o nombre de una morada.

SEFRA Adherida o agradable.
SEFORA Su pájaro, su belleza o su placer.
SOR Meridiano.
SURIEL Dios que estrecha, o bien, Dios sólido.
SALU Que da entrada a la tentación.
SAUL Expedito o que consume.
SEMEI Oye, o bien, mi audición.
SETRI Mi ejecutor o mi secreto.
SUCOT Tabernáculos.
SUR Muro, zarza o angustia.
SIN Ánfora, tentación o zarza.
SINAI Mi ánfora, mi medida, mi zarza, o bien, encargo, instrucción.
SABATA Descanso.
SETIM De espinas.
THEMANA Austero.
TÉLAME Corriente o acumulación de agua
THOLAE Gusano o cochinilla (insecto).
THET Debajo.
UR (אור) Llama, iluminación, fuego. También ciudad o asentamiento.
ZABULON Habitación fuerte.
ZECRI Mi memoria.

---

24. En su *carta nº 78 a Fabiola* también nos dice: "Vio una boca suficiente para ellos", o bien, visión de la boca de los fuertes, pero sería mejor traducir RAFIDIM como ruina de los fuertes o salud de los fuertes. También, según la etimología de la lengua siríaca, sería, debilidad de las manos.

LEVÍTICO

MOLOC Para el rey.
SULAMITA Retribución o pacífica.
FATH (κλίμα). En griego Clyma, Región baja o deprimida como cuando nos referimos a una ciudad del sur o de mediodía.

NÚMEROS

AMIOD Mi ínclito pueblo.
ABIDAN Mi padre juez.
AGELAONI (Gedeón). Anuncia una iniquidad.
ABIECER Mi hermano ayudante.
AMISADAI Mi pueblo es suficiente.
ACRAN (Ocrán). Turbados ellos.
AHIRA Amigo de mi hermano.
ANAN Nube.
ABIA Este es mi padre, o bien, abundancia de mi padre.
ASEROT Atrio de la angustia. También, felicidades.
AMIEL Mi pueblo de Dios.
AMAT (Emet). Indignación, o bien, odre para vino.
AHIMAN ¿Quién es mi hermano?
AHTI Causar estupefacción, consternación.
ABIRAM Mi padre elevado.
AUNAN (Onán). No es, o bien, inútil.
ATRAD Suscito el descanso o al que desciende.
ATARIM (Bl. LXX 31,I). De los observadores.

ARANON Acumulación de tristeza. También, alabanza.
AR Suscito. También, vigilia.
AMMON (עון) Pueblo de tristeza.
AGAG (Ὀώμα), es decir, tejado.
ASUR Felicidad o rumbo.
AGGI Festividad o solemnidad.
ARODI Maldición suficiente o maldito.
ARIELI León. Dios mío.
AMMON (חמון) Escatimó, ahorro.
ASRIEL Dios feliz.
AFAR Ceniza, o bien cavar la tierra.
AGLA (Hegla). Esta solemnidad, o bien, ternero.
AHIRAM Sublimidad de mi hermano.
ARAD Para descender.
ABER (Heber). Inició, comenzó el certamen o participó.
ARABOT (Bl. LXX 26,3). Humilde, llano o campestre.
ABARIM En tránsito.
ATAROT Coronas.

AROER Que subleva o evacuación, o bien, del que vigila. También, tamarisco (arbusto).
AHIROT Esculpidos, grabados.
ALAS Levadura, que en griego se traduce como φόρασον
ARADA Atónito, asombrado.
ASMONA (חשמן) Rápido, que apresura o rápidamente.
AGGAD (Gadgad). Anunciadora o ceñido, ajustado. También, bandido, salteador de caminos.
AHIAM Lugar sombreado.
ALAMON Considerarse por encima de la población o despreciar.
ABELSETIM Luto de las playas o riberas[25].
ACRABIM (Bl. LXX 34,1). Escorpiones, o bien, convenientemente.
ADAR Sublime, o bien, palio.
ASEMONA (עצמנה) Su hueso o del hueso.
ASMO (חשמו) Su extremo.
AREBLA Insidiosa.
AIN Fuente.
AZAM Fuerza de ellos.
AHIDOD Gloria de mi hermano.
BANJAMIN Hijo de la derecha.
BAMOT De la muerte o elevada.[26]

BASAN (בשן) Prominente o grueso, pero también puede traducirse como ignominia o confusión si leemos בושה[27].
BALAC Que lame, debilita o envuelve.
BALAAM Pueblo inútil o sin pueblo. También, que se precipitan, se tiran[28].
BEOR En la piel.
BAAL Que posee, o bien, varón.
BACHER Primogénito. También, el cordero ha entrado[29].
BALE Se precipitó o absorbió.
BARIA En su preferencia o su cambio.
BELSEFON Que posee viento del Norte, o bien, mirador (atalaya).
BAON En la iniquidad.
BARNE Conmoción elegida.
BETANAMRA Casa de la pantera o casa de la amargura.
BELSEFON Subida al mirador o atalaya[XXIII].
BAALMAON Que posee una habitación.
BENACAM Hijo de la necesidad.
BACCI Con vómito. También luto o viejo.
CADES Cambiado o santo.

---

25. También significa luto del fundamento o de la espina dorsal.
26. Orígenes, en su homilía sobre Números, dice que BAMOT, puede traducirse como llegada de la muerte. Suponemos que procede de בוא, venir y מות muerte.
27. Sin duda procede de בוש, confusión, ignominia, oprobio.
28. Es fácil deducir que procede de בל que quiere decir no, ninguno y עם pueblo.
29. En una acepción más antigua podría significar que la entrada es estrecha.
XXIII. San Jerónimo repite este nombre que ya había definido un poco más arriba pero lo traduce, dándole otra acepción.

CENI Mi erario o mi nido o posesión.
CITUS Como estupefactos o asombrados.
CANA Rivalidad o celos.
CALATA La iglesia viene. También, voces.
CADESBARNE Conmoción escogida o cambio[XXIV].
CARIATANIM (Quiriatanim). Villa, o bien, su ciudad.
CORE Calvicie.
CAMUEL Resurrección de Dios, o bien, Dios se enderezó.

Hasta aquí los nombres que empiezan con un sonido de "C" simple; a partir de ahora seguirán los nombres que deben leerse con una aspiración añadida.

CHANAAN Cambiantes, que se mueven o se contradicen.
CHALEB Como el corazón o de todo corazón. También, perro.
CHAMOS Reunión o contacto.
CHAZBI (כזבי) Cáliz en mí, o bien, ¡Inmólame!
CHENEROT Señal de las cítaras, o bien, como linternas.
CHASLON Tristeza manchada. También protección.
CHERUBIM (Querubin). Ciencia de muchos. También, pintura mezclada.

DEUEL Que reconozcan a Dios.
DATAN Sus dones, o bien, los dones bastan.
DIBON Que basta al intelecto o muy inteligente.
DEBONGAD Que comprende suficientemente la tentación.
DAFECA Se adhirió. También, restitución.
DEBLATAIM Ladrillos o bloques que suelen fijarse sobre una masilla hecha de higos prensados. En hebreo procede de דבלת.
EFRAIM Que crece o fructifica.
ELAAD Para uno sólo o solitario, para uno único.
ERMA Su anatema.
ESBON Pensamiento[XXV], o bien, ceñidor de aflicción.
EDRAIM Descanso de los pastores.
ELEAN Su parte o su testimonio.
ESBEL Fuego viejo e inútil.
EVI Deseé.
ELALE Para la subida.
EBRUNA Ultrapasado o trasgredido.
ENIEL Dios mi gracia.
EFOD Lo que cubre la espalda o vestido.
ESCOL Racimo o todo fuego.

Hasta aquí los nombres que se inician con un sonido de "E" breve; a partir de ahora los leeremos con la misma letra prolongada.

XXIV. Este nombre va precedido de קדש (cades), es decir, santo. Así pues, también podríamos traducirlo como "santo a causa de una conmoción o sacudida escogida, concreta.
XXV. Procede de la raíz חשב, pensamiento, o también, cálculo, cuenta.

ELISAR Mi padre fuerte (Elisur, mi Dios fuerte), o bien, mi padre que restringe.
ELIAB Mi Dios padre o Dios padre.
ELON Ejército fuerte.
ELISAME Mi Dios oyó.
ELISAMA Mi Dios que oye.
ELISAFAT Dios congregó. Dios mi protección, o bien, Dios escondido.
ENAN Nubes.
EDRAI La inundación me alimenta.
ER Que vigila, que se levanta, o bien, de piel [XXVI].
ELON Encina, roble. También Aulón, de cuyo nombre hablamos largamente en el "Libro de los Lugares" [XXVII].
ERAN Evacuó.
ETAM Ser fuerte.
ESAON Voluntad en la aflicción o fuerza.
ENON Fuente de tristeza.
ELIDAD Dios de mi tío paterno.
FODASUR Redención de los fuertes. También, (zona) vallada.
FAGIEL Dios me ocupa o ocupación de Dios.
FARAN Asilvestrado. También fructífero [30].
FALTI Mi Salvador.
FALET Ruina o deyección.
FESGA Devastado o amputado. También, boca grande. (V. Not. X).
FETORA (Bl. LXX 22,5). Observación de la boca, pedacito de luz o boca de tórtola.
FAGUR Piel de la boca [XXVIII]. También, bostezo.
FINES Boca que descansó o se calló. También, boca que se contiene.
FEREZ División.
FINONI (פינוני) Boca libertina.
FARNAC Ternero para el engorde. También, mi separación.
GEDEONI Tentación de iniquidad o de humildad.
GARICIM División o corte.
IFANE Asentir con la cabeza.
IEGAL (וגאל) Que está cerca o que redime.
IESU Salvador.
JACER Adjunto.
JARDEN Su descenso o ver el juicio.
JASSA Mitad. También, hecho por encargo.
JACOB Lucha, o bien, polvo.
JERIO (Jericó). Olor, o bien, luna.
JASUB Conversión.
JALEL Esperó a Dios.
JAMNA Mar, o bien, su derecha.

XXVI. El adjetivo latino "pellicius", es una forma arcaica de "pellis", piel, pero también podríamos traducirlo como un participio del verbo latino "pellicio", seductor, atractivo.
XXVII Aulón. Este nombre pertenece también a un valle de Calabria
30. Orígenes en su homilía sobre Números traduce como פה, boca, y, ראה, visible.
XXVIII. En hebreo פעור, que procede de פה, boca y עור, piel.

JESEVI (ישוי) Es lo que deseé, o bien, mi igual.
JASAEL Dios dividió por la mitad.
JESER Plasmó o fijó y clavado.
JAIR Que ilumina.
JETEBATA (ישבתה) Bondades. También, evitó que viniese.
ISIMOT Conducirá a la muerte.
JEGALI Me redime o mi próximo.
LAEL En Dios, o bien, Dios.
LOMNA Blanca o brillante[31].
MANASES Olvidadizo.
MADIANI Contradicción o refutación.
MEDAD Fue medido.
MICHAEL (Miguel). ¿Quién es como Dios?
MACHI (Maquí). ¿Qué?, ¿por qué?
MATANA Regalo, don.
MADABA Aguas que se elevan.
MACHIR (Maquir). Restituída, o bien, pondrá a la venta. También, debilidad.
MAALA Coro. También, debilidad.
MELCHA Su rey.
MALCHIEL Dios mi rey.
MACELOT Iglesia.
MATCA Dulzura o saturación.
MASEROT Discusión, cadenas o disciplina. También es un comentario hebreo de la Biblia.
NATANAEL Mi Dios o don de Dios.
NAABI Escondí o descansó en mí.
NEFA Que infla o respira.

NAMUEL Dios durmió, o bien, en el cual está Dios.
NOA (נעה) Movimiento.
NEEMAN Adorno. También, movimiento de ellos.
NAMRA Pantera o amarguras.
NABAU Vendremos. También, en conclusión.
NOBE Que ladra.
NAASON Séptimo. También, augurio.
OTATAM (Etam) Signo de ellos.
OZNI Mi oreja.
OFAM Su litoral o su tálamo.
OFER (חפר) Ignominia.

Hasta aquí los nombres que deben leerse con la inicial "O" con sonido breve; a partir de ahora le añadiremos una extensión.

OBAB Amado, abrazado o rodeado.
ORI El que cuece[XXIX]. También, me excluyes o me tomas.
OSEE Salvador o que salva.
ONAN Dolor o tristeza de ellos. También, musitación o murmuración.
OR Luz.
OBAT (אבת) Mago o pitonisa.
OG Me acumula o escondido.
ONI Mi dolor.
RAFAO Que sana o medica.
ROOB Plaza ancha o anchura.
RECEM Variedad o colorido.

---

31. Debe leerse LOBNA con la letra B, como לבן (*Laban*), blanco.
XXIX. San Jerónimo como primera acepción traduce ORI como "coquens", aquel que cuece, que también significa, aquél que medita.

REBE Cuatro. Siempre que esté escrito con la letra ע.
RATMA Visión consumada, o bien, sonido. También, enebro (arbusto).
REMONFAREZ (Rimon – Peres). División o apertura de la granada, o bien, división elevada.
REESA Freno.
SADESOR Resplandor de sus mamas o luz de las mamas.
SALOMIEL Que Dios me retribuye o bien, Dios, mi paz.
SURISADAI Que contiene mis mamas, o bien, fuerte, mi Dios.
SOAR Minúsculo.
SAMOE Que oye.
SAFAT Juzgó.
SODI Mi secreto. También, me excluyó.
SUSI Mi caballo.
SETUR Escondido o que separa.
SISAI Anciano mío.
SOON (צעי) Tanis, ciudad de Egipto.
SEON Germen que no existe o germen inútil, o bien, conversación. También, tentación que provoca.
SEFOR Pájaro.
SETIM Espinas[32].
SATAN Adversario.
SET Posición o puso.
SEIR Velludo o hirsuto.

SACU (סבוא) Tentación que gira la vista, o bien, que podemos llamarle fuerte y afortunado.
SEFION Escondido. Salir de la boca de aflicción. También, miradores (atalayas) de ellos.
SONI Escarlata o mi pupila.
SELA Demanda, o bien, que acierta.
SERMÓN Vio el nombre. También, su vigilante.
SICHEM (Siquem). Espalda.
SEMIDAE Mi nombre ciencia.
SALFAD Sombra temible, o bien, sombra de uno mismo o igual a uno mismo[33].
SUTALE Copa mezclada. También, espina verde o húmeda.
SUFAM Deteriorados o de rostros sombríos, que en hebreo se llamarían safafím.
SOFAR Tuba, trompeta.
SARACH (שרח) Vestido. También, hermano príncipe.
SICHER Ebriedad.
SALEM ¡Vuelve!
SABAMA Cierta conversación. También, se levanta en ellos, o bien, ¡sube a lo alto!
SAFAN (Safar). Labio, erizo o liebre.
SOCOT Tabernáculos.
SALMONA Parte de sombra[34], o bien, calculó la sombra o su imagen.
SIN Que tiene sed.

---

32. San Jerónimo traduce שטים (*Setim*), como espinas.
33. De צל (sombra) y פה (boca). Orígenes en su homilía sobre Números traduce SALFAD como sombra de su boca.
34. Procede de צל (sombra) y מנה (parte).

SENNA Voluntad o su mandato.
SEDADA De su lado.
SOFAN Labio o barba del labio superior.
SAFATAM (Seftam). Que juzga al pueblo.
SAMUEL Su nombre, Dios.
SALOMI Mi paz.
THOLE Gusano o cochinilla (insecto).
THERSA Que se complace a si mismo.
THENA Establecida, recompensada.
THEEN Por debajo.
THARE Exploración, o bien, lo que alimenta. También, vicio.

Todas las palabras que anteceden y que hemos escrito con la inicial "T" deben leerse con una aspiración añadida.

VAFSI Mi límite.
ZACHUR Que recuerda.
ZORAD Ajeno, o bien, descenso.
ZOOB (Bl. LXX 21,14). Oro.
ZAMBRI Éste que exacerba o amarga.
ZARE Se levanta, amanece.
ZEFERUNA (Zefrona). Visteis esta boca (V. Not. X).
ZAMRI Salmo o cántico.

DEUTERONOMIO

ASTAROT Riqueza por aumento de ganado, establo, ovejas. También atrios, vestíbulos.
AZA Su fuerza.
ARABA (ארבה). Ocaso o vísperas.
ARGOB Sublimidad maldita.
AVI ¡Ay de mí!
AVOTIAIR Gloria de la luz, o bien, vida de la luz. Si se pronuncia Autjair, la definición es la misma.
ACAN Necesidad.
ASEROT Atrios o vestíbulos si se escribe con ח y צ, es decir, חצרות, pero si se escribe con א y ש, es decir, אשרות, significa, felicidades.
AMORRA (Gomorra). Iluminación del pueblo, o bien, su pueblo.
ADAMA Barro.
BALFEOR Que tiene la boca dura o de piel.
BAZAR Angustia o en la angustia. También, incapacidad de hablar.
BOSOR En la angustia.
BEROT Pozos.
BARNE Hijo de la mutación o del movimiento.

BALAAM Pueblo inútil. También brebaje, poción.
CADEMOT Desde el principio de la muerte, o bien, principio de la muerte.

Los tres nombres que siguen deben leerse con la "C" aspirada.

CHORREUS Iracundo. También, sobre el orificio.
CHAFTORIM Manos de tórtola. También, investigadores.
CHAPTOR Capadocia.
EDRAIM (אדרעים). Desbordamiento de cosas malas o nacimiento de cosas muy malas. También, descenso de los pastores.
ERMA (Horma). Anatema.
EVIM Desequilibrados.
ERMON Anatema de tristeza.
ESDOT (Bl. LXX 3,1). Profusión.
EMIM Pueblos.

Los cuatro nombres que siguen deben leerse con la inicial "E" prolongada.

ESAN Montón o colección de piedras. También, inútil o rotura.
ELAT Terebinto (árbol resinoso), o bien, valle vitícola.
EMIM Terribles.
EBAL Abismo viejo.
FASGA Abrupta o devastada. También, defectos.
FARAN Ampliado o que crece.
FENADOR Conversión de generaciones.
GAZA Fuerza. Este nombre hebreo empieza con la letra muda ע y así diríamos עזה.
GESURI Junto a la luz o vecina de la luz.
GOLAM Emigración de ellos o voluntad de ellos.
GERGESEO El labrador lo aplica.
GAULON Su voluntad.
GARIZIM División o forastero.
GALGAL Rueda o revelación.
GAL (Bl. LXX 6). Abismo.
GEBAL (עיבל). Abismo viejo.

Obviamos los nombres que empiezan con "H" o con "L" porque ya los hemos traducido en otros libros. Además la "H" se lee como una aspiración y no como una letra. De la "K" no es necesario hablar porque no existe para los latinos ninguna palabra que empiece con "K" excepto Kalendas. También debemos insistir en que si en este libro se echa en falta algún nombre es porque ya lo hemos traducido en otro.

MISOR (Bl. LXX 3,10). Directo, llano o campestre.
MAMATI Golpeado en las entrañas. También, están fragmentados para mí.
MOSERA Erudición o su disciplina.
MAMOAZER (Mamcer). De lejos o alejado.
ORAIM Concepto o comprensión.
RAFAIM Médicos, o bien, gigantes.
RABAT Gran cantidad o grandes.
RUBENI Visión de mi hijo, o bien, ¡Ved en medio de mí!
RAMOT Signo elevado, o bien, vió la muerte.
SIDON Caza de tristeza, o bien, inutilidad.
SAREON Príncipe de la aflicción.
SANIR Parte de una montaña, o bien, vía de luz.
SALACHA Vino el que se eleva o viene el que se levanta.
SETTIM Espinas dorsales.
SEBOIM Cabras salvajes o ciervos. También, el mar es su morada.
SAMES Encargo humilde.
SINA (סנה). Arbusto espinoso o tentación, si lo encontramos escrito con la letra ס.
THOFEL Sin sal, insulso.
ZOZOMIM (Zuzitas). Estos pensamientos o reflexiones, o bien, preparados para la agudeza. También, ¿Qué agua es ésta?

JOSUÉ

AIN Pregunta.
ADONIBEZAC Mi señor fulgurante, o bien, el Señor contenido en lo vano. Pero si encontramos este nombre escrito con la letra צ, se puede traducir como Señor Justo.
AZECA Fuerza o bien trampa, lazo.
AILON La misma interpretación que dimos más arriba sobre **AULON,** pero si quisiéramos leer **EGLON** (אגלון), lo traduciríamos como vaca de ellos.
ASOR Flecha de luz.
AXAF (אבשף). Medicamento. Pero si leemos este nombre como **AXA** (אבסה), lo traduciríamos como furiosa.
ARABOT (Bl. LXX 4,13). Humilde, llano o campestre.
ALAC Mi parte, o bien, resbaladizo.
AERMON Anatema de tristeza.
ANABA Racimo de uva, o bien, mi humildad.

ASDOT Disolución, o bien, efusión, vertido. También, incendio.
ARNON Luz de ellos o maldición de ellos.
AROER Perforación de abajo a arriba, o bien, que surge en la vigilia o mejor, tamarindo (arbusto).
ADAR Rebaño.
ADAGLAM Reunión de ellos.
AFEO Retuvo o continencia.
ADRAIM Desbordamiento de los muy malos.
ACARON Erudición de la tristeza o esterilidad.
AMMAS Indignación o furor.
ASORT, es decir, **ASODAI** Fuego de mi tío paterno o incendios.
ASCALON Suspendida o fuego infame.
ASSAHAR Por la mañana o cuando clarea el día.
ACRABIM Escorpiones.
ADAR Magnífico, sublime, o bien, palio.
ASMONA Con la letra צ, su hueso o de hueso.

ACHOR Agitación o tumulto.
ADOMIM Rojos.
ANACAM Humilde o que se levanta.
AHÍMAN Su hermano.
ACSA Que cojea [xxx].
ATONIEL Tiempo de su Dios o respuesta de Dios.
ARADA Hasta el testimonio.
ASERGADA Patio de armas.
ASMONA Rápidamente o demasiado pronto.
AVIM Montón de piedras.
AIN Fuente, o bien, ojo.
AENGANIM Fuentes o surtidores de los jardines.
ADOLAMIM (עדלם). Reunión de ellos.
ADASA Nueva.
ATAR Deprecación.
ACACIB Mentira o estupidez.
ANI Pobre.
ARAB (ארב). Intriga.
AMETA (המטה). Lecho o estar tendido.
ACAM Nido.
ALALA Relajación.
ARABA (Raba). Mucha.
ATOROT Corona.
ASRAEL (Esriel). Dios feliz.
AGLA Su alegría.
ASER (הצר o אשר). Feliz, si esta escrito con **א**, pero si está escrito con las letras **ה** y **צ**, se traduce como atrio, vestíbulo.
AMATIM (Emat). Indignación, es decir, su bilis.
ANEM Círculos o coronas. También, que canta, que profetiza o que predice.
ACRIM (Lim) Acumulación o montón de piedras.
AFFARA Ternero o toro [xxxi].
AFARA Polvo o ceniza, si está escrito con la letra **ע**, es decir, עפר.
AMONA Su pueblo.
AFANI (Ofni). Yo, volando.
ALEF (Elef). Mil.
ASARSUALIM (Hasarsual). Patio de zorras.
ASOM Hueso.
ASAN Humo.
AFARIM (Hafaraim) El mar que vigila.
AMES Robusto.
AMAD (Amosa). Todavía pueblo.
ACHARAN Que los agita.
AMON (המון). Tumulto del pueblo.
AMA (עמה). Su pueblo.
ANECEB (Neceb) Sobrenombre, apodo.
ASER Atrio o vestíbulo.
ADAME (Adam). Sangre, o ensangrentados, en plural.

XXX. Acsa, en hebreo עכסה, hija de Caleb (cf. Jos. 15,16). También podría proceder de עכס, agitar campanillas o cascabeles que las mujeres llevaban en los pies o en los tobillos. Era un signo de coquetería femenina.
XXXI. Procede de פר, toro.

ACHALON Del campo o laderas vitículas.
ANATON Obediente o que responde a los que dan una señal.
ABDO (Abdón). Su siervo.
AMMADOR Pueblo de generaciones.
ALAL Relajación, o bien, por extensión de la primera sílaba, levedad, ligereza de costumbres.
ASTARTEN (Bl. LXX 33). Obra superflua.
ASTAROT Investigadores.
BETAUN Casa inútil.
BABILONIA Confusión.
BETARAN Casa de la ira o casa de los montes.
BELGAO Estuvo preparado, o bien, hombre dispuesto. También hombre pirata o afortunado.
BETASIMOT Casa desierta o casa que conduce a la muerte.
BAMOT Elevada.
BAAL Que posee.
BAALMEON Que posee domicilio.
BETFEOR Casa o boca (entrada) de piel.
BEGUNIM Cementos.
BETARAM Casa de las alturas o de los montes.
BETANAMRA Casa de las panteras o tigres. También, casa de las amarguras.
BETAGLAM Casa de la alegría de ellos.

BETARABA Casa humilde o de la víspera.
BOON Dedo pulgar o en medio.
BAALA Que posee, o bien, está por encima.
BAALOT En la subida o el ascenso. En plural.
BETAFALET Casa de la salud.
BEZEOTA (Baciotia). Desprecio o su ignominia.
BAAL Antigüedad.
BESACOT (Bascat). Defecación.
BETDAGON Casa del trigo.
BETAFUE Casa del mal; no de la maldad, sino que debe entenderse como el Arbol de la Ciencia[XXXII].
BETSUR Casa robusta.
BETANOT Casa de los cantos de aflicción.
BETARRABA Casa grande.
BENENAN (בן הנם). En ellos o en medio de ellos.
BETAGLA Casa de su alegría.
BEROT Pozos.
BETULA (Betul). Virgen.
BETMARCABOT Casa o estación de carros.
BETLABAOT Casa de los que vienen.
BALAT Costumbre.
BERAM Pozo de gran profundidad.
BETFESE Casa de la ventana florida.
BETSEMES Casa del sol.

XXXII. Se refiere al árbol de la Ciencia del bien y del mal (cf. Gn. 2,9).

BETEN Vientre.
BETEMEC Casa del llano o del valle.
BANAEL Edificación de Dios.
BETANAT Casa de la humildad, o bien, casa que responde.
BELATABA (Baalatbeer). Residencia de mujer. Se trata de un participio, no de un imperativo.
BENEBARAC Hijo del relámpago.
BALAC Que expulsa.
CARIATIARIM (Quiriat-Arim). Ciudad o villa de los bosques.
CADESBARNE Cambiada elegida, o bien, santa elegida.
CADES Santidad, santa o cambiada.
CARIATAM (Quiriatam). Ciudad de ellos o invitación perfecta.
CAINA Lamentación.
CEILA (Keila). Funda, o bien, la levanta o se levanta a sí misma.
CARMELO Jardín bien cultivado o conocimiento de la circuncisión.
CARIATBAAL (Quiriat-baal). Que habitó en una ciudad o habitante de la ciudad.
CANA Objeto de caña (caramillo, flauta). Cabe destacar que la palabra latina *canna*[XXXIII], procede de la lengua hebrea.
CASIM (Casis). Sometido. También, principio.
CATAT, o bien, CAAT. Fastidioso o también, asociado[35].
CASEON (Quisión). Resistencia, dureza.
CABASAM Reunión de ellos.
CARTAM Hizo la invitación.
CADEMOT El primero. También, oriental.

Hasta aquí hemos leído las palabras con una "C" simple; a partir de ahora debemos leerlas con una aspiración añadida.

CHIDON Escudo.
CHIPARA (Capira). Su cachorro, o bien, mano desordenada. También expiación.
CHERMEL (Carmel). Blando, tierno. También, conocimiento de la circuncisión, aunque sería mejor traducirlo como tierno cordero.
CHESLON Revelación de ellos.
CHESIL Robusto.
CHABON Casi inteligente.
CHERELOT Viste una señal.
CHESILOT Señal de estupidez.
CHEBOC Como un germen.
DEBIR Que habla o habladora. También, que teme al oso.
DOR Generación.
DEBON Abundantemente, o bien, que entiende bastante.

XXXIII. La palabra latina "canna", en castellano caña. En hebreo también קנה (cana).
35. La interpretación de קט (pequeño, poco) puede derivar en fastidioso, afectado de tedio, pero el propio San Jerónimo traduce la misma palabra del Génesis (*Caat*) como dientes afilados o paciencia.

DEBIRA Que habla o elocuencia. También que teme al oso.
DIMONIA Que calcula bastante, o bien, grandeza.
DELANI Indigente, pobre.
DELEAN Pobreza de ellos.
DANA Su proceso o su juicio.
DUMA (Ruma).Silencio o gozo.
DABAT (Dabeset). Nalga[36].
DABRAT Habladora.
DEBARA Su generación.
DOMNA (Dimona) Silencio.
EGLON Ternero de aflicción, o bien, alegría de ellos.
ESDAT (Esadot). Efusión o incendio. También, fuego del tío paterno.
EVEO Losa que traba.
EVI Que desea o es.
ESRON (חצרון). Irascible. También, flecha de visión.
ENEAM (Enaim). He aquí, ésta, o bien, he aquí, están.
EMAM (Amam). Madre de ellos.
ELTOLET Para el nacimiento.
ERMON Anatema o condenación.
ESTAOL Fuego de los partos.
ESNA Número dos o segundo, o bien, fuego. También, explicación minuciosa.
ESTAMA (Estemo). Pensamiento, reflexión.
SEAN Me apoyo o consolido.
ELTECEM Proferí. También, presenté.
EMEC Valle.

ELEC (Helec). Porción, parte.
EMECCASIS (Bl. LXX 21). Valle de la división.
ERMA Su anatema.
ENARAT He aquí que concibió.
ENATON Que dan las gracias.
ELCHAT Porción pequeña.
ELEMELEC (Elmelec). Junto al rey.
ESTMOE Mujer con vientre.
ELTACI De ninguna manera prometido.

Hasta aquí los nombres pronunciados con una "E" breve; a partir los leeremos con la "E" prolongada.

ELO Su ejército, escuadrón militar o fuerza.
ENGADI Fuente del cabrito.
ENDOR Fuente de la generación.
ENGANIN Fuente de los jardines.
ENADA Fuente afilada.
ENDROI Inundación que me alimenta.
ERAM (Horem). Vida sublime.
FESGA Tallada, precisa o de boca grande.
FALETI (Jefletí). Que me salva.
GAZAR Precisión, o bien, división.
GOSNAM (Gosen). Junto a ella o adyacente.
GAZA (עזה). Fuerte, robusto, cuando esta palabra empieza, como aquí, con la letra ע, no con la ג.
GET Prensa para uvas u olivas.

---

36. Si leemos este nombre en masculino plural (en latín), lo traduciríamos como CLIVUS, subida, cuesta, pendiente o inclinación.

GESORI Que hace llegar la luz al dirigente.
GALILOT Revelaciones. También, traslado.
GAZAO Robusto.
GETEO Que prensan uvas u olivas.
GADERA Su barrera o tapia.
GEDEROT Tapia o barrera.
GABAOT Montículos.
GABAON Montículo de tristeza.
GETAFER Su prensa de tierra. También, foso.
GABATON Sublimidad de ellos, o bien, montículo de tristeza.
GETREMON Prensa (de uvas u olivas) elevada, o bien, prensa sublime.
GOLAN Traslado.
GALIM Lugares pantanosos, o bien, montones, cúmulos.
GABAD Montículo del tío paterno.
JERIMOT Que teme la muerte, o tambien, profundidades de la muerte.
JAFE Es la boca.
JABIN El que comprende bien, es decir, el inteligente[37].
JECNAN Poseyó al pueblo.
JACER Auxilio.
JARIM De los pasos, de los desfiladeros o de los bosques.

JEBNEL Edificación de Dios.
JAGUR Colono, o bien, inmigrante, forastero.
JETAN (Ieta). De la recompensa.
JECTAEL (Iectel). Honor de Dios.
JEPTE (Iepta). Que abre o abierto.
JANUN Que se duerme.
JETTA Extendieron, alargaron.
JEZRAEL Semilla de Dios.
JECDON (Iucadam). El pueblo se acostó.
JANA (Iane). Descanso, reposo.
JEBLAM El pueblo que ha perdido la razón.
JERFEL Despedir a Dios.
JECNAM Posesión del pueblo[XXXIV]
JAFIE Explicación o manifestación. También, parte superior.
JEFEL Que Dios abriese.
JEDALA Mano. También, maldición.
JAIEL (Iehel). Descanso de Dios.
JEREON (Ieron). Temerán.
JERACON (Iercon). Ictericia.
JEFONE Desnudo.
JETTA Inclinación.
JEZER Fuerza, o bien, asistencia, colaboración.
LACHIS (Laquis). Desaparece o muere. También, el varón para sí mismo [XXXV]

---

37. De בין, que quiere decir, entender, comprender, aunque Orígenes lo traduce como sentido o prudencia.
XXXIV. Más arriba San Jerónimo traduce el mismo nombre como "poseyó al pueblo".
XXXV. San Jerónimo traduce este nombre como "interest", compuesto de "inter" y "eo", ir hacia abajo o morir, desaparecer, pero también podría proceder de "iter" y "est", es decir, es el camino, la vía, ya que en hebreo tendría relación con el verbo הלך, ir.

LOBNA (Labana). Blanco resplandeciente, o bien, barra, lingote.
LABO Entrada, o bien, los que vienen.
LAAMAS (leheman). Para la iniquidad.
LUZA Se puede traducir como collar, argolla de los condenados, pero también como וזה, es decir, éste mismo.
LABEC (Bl. LXX 17,5). Aceptable.
LACUM Para resucitar.
LASEM Para el nombre.
LASEMDAM Juicio del nombre.
MACEDA Incendio, o bien, oriental.
MADON Oposición. También, alojamiento, alquiler.
MASFA Mirador o sobre el mirador.
MASEFA Mirador.
MARON Sublime, elevado.
MASARFOT Incendios. También, tribulación en los rostros.
MACHATI Golpeado en el vientre, o bien, estar rota o partida para mí.
MARUM Otra manera de decir tristeza amarga.
MAGEDO Sus frutas, o bien, su cenáculo.
MEDAB (Medaba). Hambre, apetito de las aguas.
MEFAAT (מפעת). Ímpetu de las aguas o de los tiempos.
MANAIM Fortalezas, campamentos.

MABEL (Cabsel). Congregación de Dios.
MOLADA Nacimiento.
MEDABENA (Medemena). Sobre las cargas o los fardos.
MAGDALGAD Torre del pirata, o bien, torre armada o de defensa.
MARESA Desde la cabeza.
MAON Habitáculo.
MAROT De la cueva.
MEDIN Juicio.
MAHALA Coro.
MALCHA Reina.
MESSA Pelea. También, ácimo.
MARALA Amarga subida.
MAALAF Sobre mil, o bien, sobre la doctrina.
MAGDALIEL Dios, mi torre.
MASADA Que busca, o bien, que retiene[XXXVI].
MISOR Recta, o bien, del campo. También, sobre la tribulación.
NEFDOR (Dor). Conversión de la generación.
NEFTOE Engañoso o indiferente.
NASIB Título o estado.
NABSAN Seca.
NAAL (נעיאל) Ascensión.
NOA Que mueve o conmoción.
NAHALAL Alaben ellos.
OZIF (Zif). Germinación.
ORCHIATAROT Longitud de la corona.

XXXVI. San Jerónimo traduce este nombre como un participio del verbo latino "re-quaero": "re", prefijo verbal que indica la acción de volver a un estado anterior o de rehacer lo que se ha hecho, y "quaero", del verbo buscar o encontrar. En resumen, encontrar algo que ya se había tenido antes.

OLI (Holon). Enfermedad.
OZANOT (Azanot). Como un signo o un signo fuerte.

Hasta aquí, hemos presentado los nombres que deben leerse con la inicial "O" breve; a partir de ahora, vienen los nombres que deben leerse con la "O" prolongada.

OHAM ¡Pobre pueblo! También, loco.
HORAM (Horam). ¡Oh elevado! También, cólera, mal genio.
OSA (Hosa). Esperanza.
OCCO Que ama. También, investiga, escruta.
OGA Ínclito o glorioso.
ONO Su dolor.

No traducimos ningún nombre que empiece con la letra Q pues no existe ni en griego ni en latín.

RAHAB Latitud. También, hombre o ímpetu.
RACEM Diversidad. También vaciar.
REBE Cuarto (número ordinal), o bien, ordenado.
RAMOT Visión de la muerte.
RAGAL (Rogel). Pie. También que lleva debajo.
RAFAIN Gigantes.
REMON Sublimidad.
RAMA Elevada.
RABOT Muchos.
RAMAT Esta es elevada.
RROB Extensamente, ampliamente.

RACAT Del maxilar o de la boca.
SARATAN Tribulación de ellos.
SEMRO Su vigilante, o bien, vio el nombre.
SALACHA Se llevó a sí mismo. También, experiencia del camino, de la vía.
SARON Principio de la tristeza.
SEMRONMARON Vigilante de la amarga tristeza.
SABAMA (Sibma). La izquierda levantada, o bien, alguna revolución.
SART Cadena, o bien, su angustia.
SIN Que sale.
SECHONA (Sejona). Ebrio. También, tabernáculos.
SISAI Longevo.
SEME (Sama). Audición.
SUALIM Zorras, raposas.
SICELEG Corrección de la voz ahogada o estrecha, comprimida.
SENSANNA (Sensena). Que elimina el rojo. También, experiencias.
SALOIM (Selim). Emisiones.
SARAA Carbones. También, angustia de los malos.
SOCHA (Socho). Tabernáculo o umbráculo.
SAHARIM Puertas.
SANAN Que excede o sobresale.
SAMER Vigilancia.
SIHOR Pequeño. También, turbulento.
SEBACHA (Sotba). Redecilla, membrana.
SELOM (Selim). Desgarradura, separación o dimisión. También, allí es donde se encuentra él mismo.
SEMDAE (Semida). Nombre de la ciencia.

SAMARI Mi lana.
SELAM Lado o al lado.
SABE Siete o siete veces.
SARID Los restos.
SONIM (Sunem). Escarlata.
SEON Para la semilla de ellos.
SEHASIM Descansó. También, habitó en el que sale o surge.
SALA Que sale o que se levanta.
SEMES Sol.
SALABIM (Selebin). Que espesa o agrava el intelecto.
TALAM (Telem). Su rocío o que cubre de rocío.
TIRO Que en hebreo se lee Zor (צר) que se traduce como estrechez, angustia, limitación, pero también, fuerza, fortificación.

Hasta aquí hemos traducido los nombres que se leen con la inicial "T" simple; a partir de ahora, traduciremos los que llevan una aspiración añadida.

THAFE (Tafua). Fruto del árbol, no de la malicia de la inteligencia[XXXVII]. También, tímpano abierto.
THAANAC Que responde o humildad.
TERSA (Tirsa), Complacencia.
THALME Surco. También, que depende.
THAMNA Cantidad o calculado. También, fiel, o bien, consumación de ellos.
THENAC Higuera.
THERELA Has visto el terebinto (árbol resinoso).
THABOR Que viene la luz.
THALLA Campo, tierra, o bien, que da peso.
THAMNATSERA Nuevas medidas de protección o de cobertura.
UR (הור). Del aire, o bien, que provoca la ira.
ZEBDI De mi dote.
ZABDI Flujo fuerte o abundante.
ZANOE Se apartó o descansó.

XXXVII. La palabra latina empleada por San Jerónimo es "malum", que significa tanto fruto de un árbol, como malo, malvado.

JUECES

ADONIBEZEC Mi Señor del relámpago.
AHIMAM ¿Quién es mi hermano?
AXA (אכסה). Que se irrita o que cojea.
ATHANIEL Mi tiempo de Dios.
ARAD (שרד). Se levanta de la caída o del descenso. También, testigo de la caída.
ACCHO Hasta aquí, o bien, gancho, anzuelo. También, su humildad.
ALAB (חלב). Leche o lácteo.
ACRABIM Escorpiones.
ASTAROT Riqueza por aumento de ganado u ovejas. También, investigadores.
ANATHA Respuesta.
ARAST (Harad). Artífice.
ABINAAM Belleza de mi padre[38].
ABEL Aflicción, pena, o bien, que comete una falta.

ABELMEOLA Aflicción de la parturienta.
ARES (חרס). Sol.
ABED Servidor.
ARMON Anatema de tristeza, o bien, imagen de tristeza.
AVOTH Permanencia, residencia, o bien, lugar o base. También, infancia, pañales.
ABGAM (Absan). Padre de la miseria.
ABDÓN Servidor de la tristeza.
ALLEL (Illel). Alabanza.
AMINADAB Mi pueblo por su propia iniciativa, espontáneamente.
BEZEC Relámpago, o bien, desprecio inútil. También, que se mueve, que vibra.
BAALMESAR Que posee. También, varón del príncipe.
BARAC Relampagueante.

---

38. Sería más apropiado traducir este nombre como mi padre delicioso, de ארי, mi padre y נעם, delicioso.

BACHAL Yugo.
BARA Criatura, o bien, escogido.
BARACINNIM (Bl. LXX 8,7). Criatura en el nido. También, perteneciente a una especie de arbusto espinoso.
BAALBERIT. Que tiene un pacto.
BERA (באדה). Pozo.
BERIT Pacto.
BAALTHAMAR Que tiene una palma.
BOOZ En la fuerza, o bien, en el cual hay virtud.
CENEZ Posesión despreciable.
CETRUM (Cetron). Tinieblas de ellos. También, incienso.
CISON Impusieron o clavaron. También, la firmeza de ellos, o bien, alegría.
CARCAR (Bl. LXX 8,10). Investigación.
CAMON Resurrección inútil.

Los cuatro nombres que siguen, deben leerse con una aspiración añadida a la letra inicial.

CHETTIM (Heteos). Que están locos. También, tiene miedo o esta señalada, marcada.
CHUSAM Etiopía de ellos.
CHAMOS Que casi se apodera. También que asocia.
CHELION Consumación, o bien, dolor completo. También al principio.
DEBORA Abeja. También, locuaz.
DALILA Pobrecilla. También cubo, pozal.
DAGON Pez de tristeza.

ENAC El humilde se levanta, resucita.
ELOI (Bl. LXX 5,5). Dios.
EZRI Mi auxilio.
EFOD Prenda de vestir que se lleva por encima de todas las demás.
EFRATA Fructífera. También, que viene de la ceniza, o bien, polvorienta. Sobre este nombre ya hablamos ampliamente en el "Libro de Cuestiones Hebraicas".
EUFRATITES Tierra, barro, o bien, el polvo de ellos. También, provechosamente.

Leeremos con una extensión añadida a la inicial los dos nombres que siguen.

EUD (Aod). Que recibe la gloria.
ETAM (עיטם). Pájaro de ellos.
FURA (Fara). Botella pequeña.
FANUEL El rostro de Dios.
FOA (Fua). Que opera, o bien, sonido. También, visible, manifiesto.
FAREZ Que divide o división. También, violento.
GAASAR (Gazer). Emoción, conmoción.
GERA Que reflexiona o medita.
GEDEON Que rodea, o bien, intento de desequilibrio de ellos.
GABATA (Bl. LXX 7,1). Montículo. También, sublime.
GARIZIM Extranjero o vecino.
GAOLA (Gaal). Que expulsa o abate. También, revelación.
GAZA Su fuerza.
GADAM (Bl, LXX 20,45). El pueblo preparado, dispuesto. También, intento, prueba.

JEZBAAM (Jezblam). Que se escurre. También, el pueblo ha perdido la razón.
JABIN Inteligente o sabio.
JAEL Cierva, o bien, apareamiento del ciervo. También, que comienza.
JOAS Que espera o temporal, pasajero.
JEROBAL Que juzgue Baal, o bien, que posea la capacidad de juzgar, es decir, la capacidad de ser superior a los demás.
JECBAZ (יקב זאב) Guarida del lobo.
JECBA Prensa, trujal.
JOTHAN Realizado, acabado.
JAIR Que ilumina.
JONATAN Don de la paloma, o bien, la paloma otorgó. También, don del Señor.
JABES Vaciada, secada, o bien, aridez, sequedad.
LAFIDOT Antorcha, linterna. También, lengua afilada.
LAIS León o para el hombre.
MEROZ Aguas de los sacramentos.
MAOZ (Bl. LXX 6,26). Robusto o fuerte.
MERE (Meromé). Manifestado, que ilumina, o abierto.
MELLO Lleno, repleto.
MANNE (Manue). Descanso.
MICHA ¿Quién hay aquí?, si se trata de adverbio de lugar, o bien, ¿quién es éste?, si se trata de pronombre.
NECELLEL (נהלל) Alabanza, himno.
NABE (Nobe). Ladrido.

Los tres nombres que siguen, deben leerse con la inicial "O" prolongada.

OBED Servidor.
OBAB (Hobab). Amor.
OREB Cuervo, o bien, sequedad.
RECHAB (Bl. LXX 1,19). Ascensión o que se levanta.
RESATHAIM La impiedad de ellos.
SACIA Longevo o anciano.
SEFET (צפת). Mirador, atalaya.
SALABIM Salud de los corazones.
SIRIA (ארם). Elevación.
SAIRAT Cabra.
SEMEGAR Nombre del forastero, o bien, allí está el colono.
SISARA Exclusión de la alegría, o bien, que se aparta, alejándose. También, visión del caballo.
SETTA (Betseta). Espina dorsal.
SARATA El que encadena, viene o turbación.
SAROREB Roca, peña o escollo del cuervo.
SALMANE Sombra que debe alejarse, o bien, sombra de excitación o trastorno.
SAMIR Matorral espinoso. También, inculto, rústico.
SEON Tentación que calienta, o bien, germen que no es.
SEMANOT Nombre humilde.
SANSÓN El sol de ellos, o bien, la fuerza del sol.
SOREC Elegida óptima.

SALMA (Salmana). Que siente, o bien, perfecta, También, pacífica.
TABA (Teba). Buena.

Excepto el nombre que acabamos de traducir, los que siguen deben leerse con una aspiración añadida a la inicial.

THALMA Surco o apuntalado.
THAMNATARES Estima del sol.
THANAC Humildad, o bien, te responderé.
THEBES (תבץ) Conversión.
ZIB Lobo.
ZEBUL Habitación.
ZEBULONITAS Su habitación.

RUT

BOOZ En la fuerza.
ELIMELEC. Mi Dios, rey.
JESÉ (ישי). Lirio de la isla.
MAALON De la ventana, o del principio. También, consumación.

NOEMÍ. Hermosa[XXXVIII].
ORFA Su nuca o cerviz.
RUT Que ve o que se apresura. También, que se separa o desliga.

XXXVIII. San Jerónimo en su carta nº 54 a Furia traduce también de otra manera este nombre; dice textualmente: Podemos traducir Noemí como consolada; después de perder en el extranjero marido e hijos, se trajo su castidad a la patria y sostenida por éste viático, mantuvo a su nuera moabita para que se cumpliera el vaticinio de Isaías, *Envía, Señor, el cordero al señor del país desde la roca del desierto* (Is. 16,1).

I DE SAMUEL

ANNA Gracia.
AFEC. Pasión nueva o continencia.
AMINADAB Padre por su propia voluntad, o bien, que vive en la ciudad.
ABIA El Señor, padre, o bien, fue padre.
ABIEL Dios mi padre.
AMMONI Me comprime o me restringe.
ASOR Flecha de luz.
ACHIAS Otro hermano o su hermano.
ACHITOB Hermano bueno.
ACHINAAM Mi hermano atractivo.
ABENER Mi padre es una lámpara, o bien, padre de la lámpara.
AGAG Δώμα, es decir, techo, tapa.
ARMATAIM (Ramataim). Altura de ellos.
AZECA Fuerza, o bien, trampa, engaño.
ADREEL (ערדיאל) Rebaño de Dios.

AZEL Que se aleja o continua.
ACHIS Sin embargo, varón, o bien, mi hermano. También, hermano varón.
AHIMELEC Mi hermano, rey.
AVILA (Hevila). Que sufre o parturienta.
ART. Demora, espera.
ABIATAR Padre superfluo.
ACHELA (Hachila). Que la mira.
ABIGAL Padre de la exultación, o bien, padre del rocío.
ABISA Incendio de mi padre, o bien, sacrificio.
AENDOR Ojo, o bien, fuente de la generación.
ABIGAIL Exultación de mi padre.
ASAN Que humea.
ATAC En tu tiempo.
BAALIM Que poseen, que se elevan o superiores.
BETHABAR Casa del conocimiento o del reconocimiento.
BOCORAT Tu primogénito.
BEZEC Pobreza.
BADAM Unico, o en mi juicio.

BOSES Floreció en sí mismo. También, corte, mutilación.
BAMA En qué.
BARITA Pitonisa.
BOSORI Anunciación o carne.
BERSABE Pozo de abundancia o saciedad. También, pozo séptimo.
CARIATARIM (Quiriat-Arim). Ciudad de las estevas o piezas corvas del arado que empuña el labrador.
CIS (קיש). Duro. También, vómito de varón o que el varón vomita.

Los nombres que siguen deben leerse con una aspiración añadida a la inicial.

CHERUBIM (Querubín). Mucha ciencia.
CHETTI (חתי). Locos, delirantes. También, conmigo.
CHERETTI Que destruyen.
CHALEB Como el corazón o todo corazón. También, perro.
DAVID Fuerte de mano. También, deseable, bienamado.
DAMAIM (Domim). De las sangres.
DOEC (Doeg). Movimiento. También, solícito.
ELEAZAR Para el ayudante o el ayudante de Dios.
ESCABOD (Hicabod). Cayó en la gloria.
EVILAT Desde el principio.
EBREI (Hebreos). Que pasan, transitan.
ETTHI (אתי). Conmigo.

ESTAMOE Que piensa.

Los tres nombres que siguen deben leerse con la inicial "E" prolongada.

ELCANA Posesión de Dios.
ELIU Este es mi Dios.
ELIAB Dios mi padre.
FINEES La boca descansa, o bien, boca cerrada o que calla.
FENEMA Conversión.
FALTI Mi salvador.
GABAA Collado.
GALGALA Revolución o descubrimiento.
GALIOT Revelado. También que se traslada.
GOLLIM Que emigran.
GESURI Junto a mi luz o que se adhieren a mi luz.
GARIZIM Cortes o amputaciones.
GELBOE Descubrimiento o revolución. También, descanso o que llueve mucho.
GEDORI Que se adhiere. También, que accede.
JEROBOAM Misericordioso, compasivo.
JOSUÉ Salvador.
JECHONIA (Bl. LXX 6,19). Preparación de Dios.
JOEL Incipiente. También que fue de Dios.
JABES Secada, vaciada.
JOROBAAL Juicio de Baal. Proceso superior.
JESAVI (Iessui). Yo deseé.
JESSAI Sacrificio de la isla. También, incendio.

JOAB Enemigo. Padre.
JERAMELI Misericordia de mi Dios.
MATARI (Matri). Lluvia, o bien, llueve sobre mí.
MACHMAS Humildad o contacto.
MAGEDON Que tienta.
MELCHISNE (Melquisne). Mi rey es mi remedio, o bien, mi rey tirano.
MEROB Sobre la abundancia.
MICOL Toda agua, o bien, de todos.
MEOLATI (מחלתי). Que va de parto o que causa dolor.
MAON Habitación.
MAOC Afeminado.
NER Lámpara.
NUAT Hermosura.
NOBE Ladrido.
NABAL Insensato, pero si quieres leer NEBEL (נבל), se puede traducir como las medidas del Nombre o también de los Salmos.
OFNI Descalzo, o bien, locura de conversión o giro[XXXIX].
ODOLLAM Testimonio de ellos.
RAMATAIM Excelsa de ellos.
RACHAL Negociación.
RACHEL (Raquel). Oveja. También, que ve a Dios.
SOFIM Especulación u obstáculo.

SAUFA (עוף). Especulador. También, encubridor o disimulador.
SABAOT De los ejércitos o de las fuerzas.
SAMUEL Su nombre, Dios.
SEMSI (שמשי). Mi sol.
SAROR Que estrecha, o bien, indumentaria, vestido.
SAUL Petición.
SALISA Tercera.
SALIM (שעלים). Zorra, raposa, pero es mejor leer SAULIM.
SUF Que especula o encubre.
SENA Que eleva, o bien, angustia. También, diente.
SOBA Instrucción, recado o mandato en ella.
SUR Recto.
SAMA Allí o el que oye.
SOCOT Rama (de árbol), o bien, humildad,
SECHUI Insípido, soso, insensato.
SARVIA Encadenado o angustia.
SONAIM (Sunam). Vestido de color escarlata, o bien, que permanece en ellos.
SEFAMOT Labio de la muerte.
THOU Loco, demente o errante.
ZIFEI Que germinan o florecen.
SAURI (Gesuri). Mi atrio o vestíbulo.

XXXIX. San Jerónimo traduce textualmente "insania conversionis", locura o frenesí de la conversión, del giro. También como "discalceatus", descalzo, descalzado, es decir, sin base. Nos sugiere la idea de algo que gira sin base, sin fijación ni soporte.

II DE SAMUEL

ABISA Incendio del padre, o bien, sacrificio. También, holocausto.
ASAE (Asad). Obra, fabricación.
AMMAN Cúbito. Se trata de una medida, no del hueso del brazo.
AMMON (Bl. LXX 2,24). Lamento de una madre.
ABSALON Padre de la paz.
ADONIA Señor dominador.
AGGIA Fiesta o solemnidad.
ABITAL Mi padre el rocío.
AGLA Ternero, o bien, pequeña cría de animal.
AIA Buitre, ave de presa.
ADRAZER Auxilio conveniente.
ACHERET (אחותי). Que dispersa.
AMMIEL Mi pueblo de Dios.
AMON Que otorga, dona.
ABISEI Padre del sacrificio.
AMMIOD Mi pueblo glorioso.
AITOFEL Mi hermano que desfallece, cae o se precipita. También, mi hermano que piensa, reflexiona o estudia.
ARACHI Mi longitud.

AMESA (Amasa). Dirigió, condujo al pueblo.
AFELETI Admirable.
ADONIRAM Señor excelso.
ADORAM Generación excelsa.
ACHILOT Hermano ilustre.
ARMONI Que me ilumina, o bien, mi despensa, mi casa. También, anatema.
ADINO (Bl. LXX 23,8). Tierno o delicado.
AHESANI De la voluntad. También, yo, deliberadamente.
AHOI De las espinas o de las zarzas.
AGA Que medita o habla.
ARATITES Montañoso.
ADOLLAM Reunión de ellos.
ARIEL (Bl. LXX 23,20). León de Dios.
ASALE Obra o fabricación de Dios.
ARADIUS Que se paraliza o se queda estupefacto. También, que se asombra o se admira.
ARAS (Ira). Elevado.
ALAB (חלב). Leche.

ABIEZRI (Abiecer). Auxilio de mi Dios[39].
ANATOTITES Que responde al signo.
ADAI Robusto, o bien, suficiente.
ABIALBON Mi padre superinteligente.
AZMAT (Azmavet). Fuerte en la muerte.
AHIEM Hermano de la madre.
ASERAI (Esdrai). Mi atrio o vestíbulo.
ARUNAS Iluminado.
BEURIM Elegidos.
BAANA El que responde viene.
BEROTI Pozo.
BEGA Excelsa.
BANAIA Cimentador o edificador de sueños.
BETROOB Casa de la plaza.
BETSABE Hija de la abundancia, porque la primera sílaba está equivocada y en lugar de בית (casa), con lo cual este nombre significaría casa de la abundancia, debemos leer בת (hija), es decir, hija de la abundancia.
BELASOR (בעל העור). Que posee una flecha de luz, o bien, ascensión del atrio.
BETCHAR Casa del cordero.
BAURIM Elegidos o jóvenes.
BERZELLAI Mi hierro.
BECHORI Mi primogénito.
BETMACHA Casa humilde.
BAANA El que responde viene.

BAREUMI (Beromi). Alguien huyó de él.
BETORON Casa de ira.
CASIR (קציר). Cosecha, siega.
CABSEL (קבצאל). Reunión, congregación de Dios.

Los tres nombres que siguen deben leerse con una aspiración añadida a la inicial.

CHALAMAC (Bl. LXX 9,16). Poseer toda la fuerza.
CHUSI Etiopía.
CHORETI Que diluye o dispersa.
ELIABA No está oculto en absoluto.

Excepto el nombre que acabamos de traducir, los que siguen con la misma inicial deben leerse alargando la primera sílaba.

ELISUE Salvación de mi Dios.
ELISAME Dios mío oyente.
ELIDAE Mi Dios sabe.
ELIFALET Mi Dios que salva.
ELIAM Pueblo de Dios.
ELIANAM Con el Señor que domina.
FELETE Admirable. También, que excluye.
FERAOTONI Desaparición de mi tristeza.
FAARAI Estos antes que yo.

---

39. *Abiecer* (אביעזר). Nombre que encontramos en II Samuel 23,27 que debería traducirse como "auxilio de mi padre" y no como "auxilio de mi Dios".

GIA Lucha.
GELO Emigrada o emigrante.
GERA Que medita o rumia.
GOM Fosa, agujero o trampa.
GAAS Conmovido.
GALONITES Emigrado.
GERAB Aspero, roñoso.
HIRMA (Irma). Que viene de lo alto.
HISTOB Varón bueno.
HIRAS Vigilante.
HISBOSET Hombre de confusión.

La razón por la cual hemos escrito los nombres anteriores con una aspiración, es que tanto griegos como hebreos utilizan en ellos un diptongo.

JEZRAEL Dios sembró.
JETRAAM Pueblo superfluo.
JEBGAR Eligió.
JAFIE Ilumina o manifiesta.
JORAM Elevado o que posee manos elevadas.
JEROBOSET (Bl. LXX 23,8). Que juzga la confusión, la ignominia.
IDIDIA Amable o digno de ser amado por el Señor.
JONADAB Espontáneo del Señor.
JOADAME Se conoce a sí mismo.
JOSAFAT Se juzga a sí mismo.
JODASSE Que sabe o conoce.
JESBI Está en mí.
JAARE Paso, congosto.
JOBADAHE Conocimiento del Señor, o bien de sí mismo.
JOSAN Viejo.
JAGAAL Cercano, próximo.
JAAXAER Auxiliará.
JAAN Que responde.
LODABAR Para la misma palabra.
LASABI Esperó en mí.
MANAIM (Bl. LXX 2,12). Consolación o reposo.
MAACHA Molido o fragmentado.
MENFIBOSTE Ignominia sobre la boca.
MAANA Descanso, reposo.
MAARAI Mi casa, o bien, amarga. También, de la visión.
MAACHATI Hacer avanzar a mi demoledor.
NEFEC Que se aplica a la boca. También, lincurio o ligurio[XL], o es el nombre de la piedra[40].
NAAS Serpiente.
NETOFATI Escondido, secreto.

XL. Lincurio o ligurio es el nombre de una especie de ámbar no identificado relacionado con el "electrum" latino que además de ámbar significa, aleación de oro y plata.

40. La piedra de Ligurio que el vulgo llama Electrón, es la joya de mayor precio que los antiguos hayan aleado. San Jerónimo hace referencia a ella en su carta nº 64 a Fabiola en relación a Exodo 28,36: Harás además una lámina de oro fino y etc., cuando dice: "La octava es la lámina de oro, es decir el ציץ זהב, en el que está escrito el Nombre de Dios con las cuatro letras יהוה, que entre ellos le llaman el Inefable. Esta, se añade, en el caso del pontífice a la tiara de lino común a todos los sacerdotes y se sujeta a la frente con una cinta de color jacinto, para que el Nombre de Dios corone y proteja todo el esplendor del pontífice.

NEELE (Bl. LXX 23,30). Escalera, o bien, torrente.
NAALIA Torrentes.
ORCHATI Mi consideración o estimación.
ODSI Mi mes[XLI].

Los tres nombres que siguen, deben pronunciarse con la inicial prolongada.

OBED-EDOM (עבד־אדום). Hombre que sirve (servidor).
OBIADA Él mismo conoce.
OREM (Eruna). Ira.
RESFAD Cuadriga, tiro de cuatro caballos, o bien, carrera, marcha.
ROBOAM Anchura del pueblo.
RAGAL Tristes, o bien, debajo.
REGALIM Pies.
RAFA Salud.
RIBAI Que juzgan.
SAFATIA Que me juzga.
SION Observación, o bien, que observa. También, escollo, obstáculo, piedra.
SAMOE. Audición.
SOBAB Que hace girar.
SOBA Corte o cortado, segado.
SUSACIM Alegría del cilicio.
SIBA El que se eleva o sale, viene.
SARAIA El Señor, príncipe.
SOBAC Que te hace girar.
SUNEM Escarlata, carmesí. También, que se eleva.

SABE Abundancia, saturación.
SADOC Justo, legítimo, legal.
SUBI Hazme girar.
SIA Indigentes, o bien, que dormitan.
SUBOCHAI Algo muy espeso, muy compacto. También pedazo de tocón, simple, estúpido. Sobre este nombre ya hemos hablado ampliamente en el "Libro de Cuestiones Hebraicas".
SAMAI (שמעי). Allí, para mí. También, el que oye.
SALMON Sombra de virtud.
SARAI Mi princesa.
SELEC Que sale, surge.
THEBES Estuvieron en ella, o bien, hecha para mí.
THALME Del surco del arado.
THECUE Estrépito, griterío, o bien, trompeta. También, percusión.
THECUITES Trompeta que suena o trompetista.
THEETIM Inferiores o subalternos.

Todos estos nombres que hemos escrito con la "T" inicial, deben leerse con una aspiración añadida.

URIA Mi luz de Dios.
USI Que se apresura.
URCHI (ארכי). Mi longitud.
USATI Que debe apresurarse en mí.

XLI. Se refiere a un mes del año. En hebreo חדשי.

I DE LOS REYES

ABISAI Mi padre desbordante, o bien, rugido de mi padre.
ACHERETI (Gereti). Que mata, disipa o demuele.
AMASA Que levanta al pueblo, o bien, que eleva.
ASOR (אצר). Atrio.
AZARIA. Auxilio del Señor.
AHIA. Su hermano, o bien, ¿dónde están ellos?
AHISAR Mi hermano príncipe.
ADONIRAM Mi Señor elevado.
ABDA Su servidor.
AROBOT (Arabot). Cataratas, cascadas.
ASER Socavada.
AHILOD Mi hermano ilustre.
AVOT Gloria.
ARGOB Elevación maldita.
AELAM (Bl. LXX, 6). Delante de la puerta. También vestíbulo.
ADADEZER Ayuda de las cosas atractivas o bellas.
ADORRAM Generación elevada o atractivo elevado.
ANO (Bl. LXX, 24). Dolor de ellos.
ASA Que eleva o levanta.
AVAN Moverlos o hacerlos caer. También fuente.
ANACIM No es inofensivo.
ANANI Donación o gratificación para mí.
AHAB Hermano de mi padre.
ASUBA Abandonada, o bien, inculta, desierta.
BETSABE Hija del juramento, si leemos la primera sílaba como בת (hija) y no בית (casa).
BENUR Hijo del aire o del fuego.
BETSEMES Casa del sol.
BETEMAN Casa de las gracias o de los dones.
BASAMAT Que abandona o desampara.
BAALOT Ascendentes.
BUL Del germen, del origen.
BOOZ En la fuerza.
BARAZA En la pobreza, o bien, que viene para actuar o establecerse. También, que sacan agua.
CAVE (Coa). Paciencia, o bien, estrépito de la trompeta.

CARMELO. Delicado o blando. También, ciencia de la circuncisión.

Hasta aquí hemos leído nombres que empiezan con la "C" simple; a partir de ahora, le añadiremos una aspiración.

CHALACAD (Chalcol). Que pace o se nutre.
CHAMOS Congregación, reunión, o bien, palpados, tocados.
CHARIT División o conocimiento.
CHANAAN Que se ruboriza. También, comerciante, hombre de negocios.
DACHAR (Bl. LXX 4,9). Que están compungidos o heridos.
DARDAE (Dorda). Generación del conocimiento.
DABIR (Bl .LXX 6,6). Oráculo, vaticinio.
DUI Hermosura.
DAMASCO Que beben (una copa de) sangre, o bien, que beben en honor a alguien a quién dan a beber el resto de la copa. También, propinar (V. Not. XVI).
ESDA (Bl. LXX 4,10). Misericordia.
EZRAELI Simiente de Dios.
EMORI (Amorreo). Del que amarga o del hablador.
ESRAI (Bl. LXX 2,12). Indigna u oriental.

EZAION (Hezion). Visión.

Hasta aquí la inicial "E" es breve; a partir de ahora la leeremos prolongada.

ELI Dios mío, o bien, que sube.
ELIOREF Invierno de Dios.
ERI (ערי). Mi despertar.
ELON (Aulón). De este nombre hemos hablado largamente en el "Libro de los Lugares" (V. Not. XXVII).
ETHAN Robusto, fuerte, o bien, ascenso[XLII].
EMAN Que toma o recibe. También, tener miedo de ellos.
ETHANIM De los robustos o fuertes.
ESIONGABER Voluntad o consejo. También, de la tristeza juvenil o reconfortada.
ELA Maldita, o bien, para sí misma.
ESAION (הזיון). Voluntad o consejo de la tristeza
ELIA (Elías). El Señor Dios [41].
ELISAE (Eliseo). Salvación de mi Dios.
FELETI Maravillosamente.
FEDAIA Redención del Señor.
GABER Varón o fuerte. También joven o varonil.

XLII. Etan, en hebreo איתן. También significa fijo, perpetuo, pues las cuatro letras de este nombre sirven para formar el tiempo futuro del verbo.
41. El mismo San Jerónimo en su libro *Contra Juan de Jerusalén*, en el segundo capítulo dice: "Elías se traduce como fuerte en el Señor".

GENEOBAT Rapto de una hija.
GONAT (Ginet). Tu arrogancia, o bien, tu jardín.
GEZI (Gazer). Que ve el peligro del precipicio, o bien, visión del valle.
GI (Gera). División, o bien, precisión.
GOZAN Corte de pelo de ellos, o bien, fuerza de ellos.
GABE Montículo, montaña pequeña.
GODOLIA Grande o noble del Señor.
ISABEL Fluido inútil.
JOCAMAN (Jacman). Vengarse del pueblo.
JAIR Iluminó.
JACHON (Jaquím). Preparación.
JEROBOAM Que decide por el pueblo o que decide por nosotros.
JESSAI Sacrificio de la isla, o bien, holocausto.
JOSIA Sacrificio para el Señor, o bien, salvación del Señor o fuerza del Señor.
JEU El mismo, o bien, es o está.
JORAM Aquel que es excelso.
JOSAFAT Juicio del Señor.
JEMLA (Imla). Plenitud o circuncisión.
LEBEN Edificación, o bien, blancura.
MAGEDO Sus cenáculos[XLIII].
MAACHA Golpeado o abatido.
MACES Al límite.

MAOL Coro o plenitud.
MERAB De multitud.
MALATHRA (Bl. LXX 6,5). Observar desde arriba de modo despreciativo. También, división.
MECHONOT (Bl. LXX 7,43). Soportes o puntos de apoyo. También, camas o lechos.
MELLOT Llena, completa, o bien, plenitud.
MICHEAS (Miqueas). ¿Quién está aquí? Si se trata de un adverbio de lugar, o bien, ¿quién dominará?
MOSAE Salvador.
NEFADOR Generación dispersa.
NENA Imagen.
NEISOT Estación.
NABAOT Que llama la atención, destacable, o bien, exclusión. También el hecho de sentarse, reposo.
NADAB Voluntad.
NAAMA Encanto, gracia.
NAAMANI El encanto o la gracia de mi don.
NESIB (Bl. LXX 17,28).Que permanece de pie o erguido.
NAMSI Que toca, atrae o palpa.
OMRI (Amri). Mi rizo.
OZA (Bl. LXX 16,9). Fuerte del Señor.
OLDA Destrucción o desviación.

Los tres nombres que siguen, deben ser pronunciados con la inicial "O" prolongada.

XLIII. En castellano cenáculo sería específicamente la sala donde Jesucristo celebró la última cena. En latín significaría comedor en el piso superior o en la regiones celestiales

OG Que congrega.
OFIR Que debilita.
OBDIA (Abdías). Que sirve al Señor.
REI Mi pastor.
RAMOT Visión de la muerte.
RAZON Místico o consagrado.
RABAAM Impetu del pueblo o amplitud del pueblo.
SUNAMITA Mortificada, o bien, todo aquél que morirá.
SISA Tentación. También, de harina.
SAALABIM Que espesa o aturde el intelecto.
SOCA (Socho). Rama de árbol o ramo (de plantas o flores).
SARTAM. Tribulación de ellos, o bien, de los demoledores o de los restringidos.
SION Atalaya, mirador, o bien, inaccesible. También, recado.
SABA Cautiva.
SATAN Contrario, adversario.
SUBA Apasionada o que convierte.
SADADA (Sareda). Escondido en él.
SARUA Lepra.
SESAC Vestidura de lino, o bien, alegría del cilicio.
SICHIMA Húmero (hueso).
SEMEIA Que oye al Señor.
SOMER Vigilante.
SALI (Salai). Emitida, enviada.
SOFAR (Bl. LXX 9,28). Disipar, dividir.
SIGUB Elevar por encima.
SEREFTA Incendio. También, desgracia del pan.
SIDONIA Caza inútil.
SAFAT Que juzga.
SEDECIA El Señor justo.
THAFAT El pequeño viene.
TAMAC Responde.
TABREMON Bueno para ver, o bien, buena visión de ellos. También, buena elevación.

Hasta aquí hemos leído estos nombres con una "T" inicial con sonido simple; a partir de ahora le añadiremos una aspiración.

THANAC Responde.
TERMAD (σύσσημον). Investigación sobre la Redención.
THAFISA Claudicación o remisión de la vida.
THEDOR Estaca, palo.
THEMOR (תמר). Esmirna, o bien, mirra o palmera.
THARSIS Observación de la alegría.
THAFNES Signo encubierto o tapado.
THERSA (Tirsa). Que agrada.
THEBNI Mi envoltorio o cáscara.
THESBI Que intenta tocar o hace girar.
ZOELET Estirado, o bien, extraído.
ZABUD Que fluye del tizón, del leño.
ZIMRI Ese que desafía o amarga.
ZAVA Iniquidad.
ZABADIA Dotada por el Señor.

II DE LOS REYES

AHIEL (Ahia). Que vive en Dios o que ve a Dios.
ABIRAM Padre elevado.
AZAEL Visión de Dios.
ADAD Que pertenece al hermano del padre, o bien, tío paterno. También, testigo.
AAZIA (אחזיה, Ocacías). Que toma posesión de Dios, o bien, fuerza del Señor. También, su fuerza.
ABANA Su piedra.
ATHALIA Tiempo del Señor, o bien, su tiempo.
ARAMATHAI (Amathi). Que le hace caer o le abate.
ARNON Luz de ellos. También, arca de la tristeza.
AMESIA (Amasias). Fuerte en el Señor, o bien, pueblo elevado.
AFEC Contendrá, o bien, tomará posesión.
AMIA Fuerte en el Señor o pueblo del Señor.
AMATHI Mi verdad.
AZARIA Mi Señor adjunto.
ASSIT Libertad.

ARGOB Que maldice lo elevado.
ARIEL León de Dios.
ASOR Flecha de luz.
AAZ (אחז). Que contiene o comprende.
ALA Debilidad.
ABUR (Habor). Hematoma o golpe.
ASAMA (Bl. LXX 17,30). Delito, falta.
ADRAMELEC Estola, túnica del rey, o bien, atractivo del rey.
ANAMALEC Para responder al rey.
ABISA Mi voluntad en ella.
ASAF Que recoge.
ARFAD Que sana, o bien, sanado, curado.
ANEI ¿Puede estar conmovido?
AMOS Robusto, fuerte.
ARARAT Armenia o monte zarandeado, convulso.
ASARADAN Que vence.
ARUS (ארוץ). Grabada. También, hecha de oro.
ADAIA Testimonio, prueba del Señor.

AHICAM Mi hermano surge, se levanta.
ASAIA Actúa para el Señor.
ACHBOR Ratón.
AARS Sol.
AMUTAL Calentamiento del rocío.
AVIL (Evil). Estúpido o insípido.
BELCEBÚ Que devora moscas o señor de las moscas.
BAALSALISA Que posee un tercio.
BADACAR Viene compungido, herido.
BETAGAN Casa del jardín.
BETACON Casa de la escultura
BASAN Confusión o sequedad. También, gordura o untuosidad.
BEDEC (Bl. LXX 12,5). Instauración.
BANADA (Benadad). Hijo decoroso.
BALADAN El que juzga viene de sí mismo o de uno mismo. También, vanidad de sí mismo.
BASECAT Estar obeso.
BETIM En las casas [42].
CABALAAM (Bl. LXX 15,10). Precipitó.
CADESIM (Bl. LXX 23,7). Cambiado o afeminado.
CAREE Calvo, sin pelo.

Hasta aquí, hemos traducido los nombres que empiezan con una "C" simple; a partir de ahora, le añadiremos una prolongación.

CHABRATA Elección. Sobre este nombre ya hemos hablado largamente en nuestro "Libro de Cuestiones hebraicas".
CHARIT (Bl. LXX 25,23). Concisión, brevedad.
CHARAN Ira. También, agujero.
CHOMARIM (Bl. LXX 23,5). Cuidadores o guardianes del templo.
EZER (נזיר). Separado o santificado.
ELCHIAU Parte del Señor.
EFSIBA (חפציבה). Mi voluntad en ella.
ESELIAU (אצליהו). Está cerca del Señor.
ENAN He aquí, éstos son.
EENATHAN (Elnatan). Para dar, o bien, es Dios que da.

Los cuatro nombres que siguen, deben pronunciarse con la inicial prolongada.

ELOT (אילות). Signo del carnero. También choque, colisión.
ELAM (Ela). Pueblo de Dios. También, delante de la puerta.
ELIA (אליה Elías). Del Señor Dios.
ELIACIM Resurrección de Dios.
ESAIA (Isaías). Salvación del Señor.
FARFAR Que cavan en el huerto o en el jardín, o bien, topos. También, disipaciones.
FUL Ruina o que cae.

---

42. En hebreo בתים, que San Jerónimo traduce como en las casas, también podría significar, casas pequeñas.

FACEIA. Con lo que abre el Señor, o bien, introducción en la boca.
FALASAR Que el príncipe cae.
FARURIM Desgarrados, rotos.
FASEE Trascendido, o bien, trasgredido.
FADAI (Fadaia). Redención del Señor.
JEBLAM Absorbe.
JOSABE ¿Dónde está la abundancia? También, abundancia del Señor.
JODAE (Joiada). Conocimiento del Señor.
JOZACHAR Memoria del Señor, o bien, aquel que recuerda.
JOZABAD Dote del Señor, o bien, ¿Quién ha sido dotado?
JOAZ ¿Dónde debe retenerse? También, retención del Señor.
JOADINA (Joadan). Delicada del Señor, o bien, que es delicada o tierna.
JACTEL Reunión con Dios o auxilio de Dios.
JONA Paloma, o bien, ¿Dónde está el sacrificio? También, el que sufre.
JACHALIA Fuerza del Señor.
JOATHAM Consumado o perfecto.
JEZECIAS Que aprehenden o cogen al Señor. También, fuerza del Señor.
JOAHE ¿Dónde está el hermano? O bien, el hermano del Señor. También, obra del Señor.
JOTHABA Que tropiezan con ella.

IDIDIA Digna de ser amada por el Señor o amada del Señor.
IEREMIA (Jeremías). Elevado del Señor.
JEZANIAS (Jezonías). Que oye o escucha al Señor.
JOIACIM Resurrección del Señor, o bien, el Señor levantado o el Señor que se endereza.
MASSA (Messa). Carga, peso. También, adquisición.
MATTHAN Recompensada o que recompensa.
MANEM Que consuela.
MANAA (Bl. LXX 8,2). Consolación, o bien, obsequio, regalo. También, sacrificio.
MEDON Agua de ellos.
MECHOTA (מכותה). Su plaga.
MOCHOT Plagas.
MARODAC Arrogancia amarga o tensión, tirantez.
MESSALEM (Mesulam). Que restituye o restituida.
MASENA Segunda.
MAZAROT (Bl. LXX 23,5). Se refiere a los doce signos del zodiaco [XLIV]
MOLOC Rey
MESTHI (Bl. LXX 23,13). Diversidad.
MAGEDO De la tentación.
MATANIAS Don de Dios.
MECHOHOT (Bl. LXX 12,17). Puntales, soportes.
MESSEFAT Observación o contemplación.

XLIV. En hebreo מזלות, zodiaco.

MERODAC Que transmite amargura.
MAMZAMAROT Tridentes o arpones.
NABOC Profeta o que profetiza.
NAAMAN Honor o emoción de ellos.
NERGAL (נרגל). Manantial o fuente de luz.
NABAAZ Entonces profetizará. También, inicio de la sesión.
NOESTHAN Bronce de ellos.
NINIVE Retoño, infante. También, germen de la hermosura, o bien, atractiva, brillante.
NESRAC Ternura efímera, o bien, tierna tentación.
NECHOTA (Bl. LXX 20,13). Sustancia aromática, especia.
NECHO Golpeado.
NABUCODONOSOR Profecía de la pequeña botella estrecha, o bien, que de esta manera profetiza sobre un signo. Reposo en el reconocimiento de la angustia.
NOOSTHA Su bronce.
NABUZARDAN Profetizará con una especie de pala que el vulgo llama cedazo o criba. También, profeta de otra causa.
NATANIAS Que da al Señor.
RECHAB Elevación o excelsa.
RAMALIA Excelso del Señor.
RAASON (Rasin). Carrera, ruta. También, complacencia o agrado.
RABSARIS Eunuco mayor.
RABSACE El mayor adulador. También, mucha grandeza o fuerza en el beso.
RAFES (Bl. LXX 18,17). Ligeros, con alas. También, movimiento de la boca.
RABLAI Esta es grande o mucha.
RUMA Elevada.
REBLAT Multitud, gran cantidad.
SUNEM Dientes, o bien, escarlata, carmesí. También, diversidad.
SAMARIA Custodiado, guardado.
SABAT Descanso o interrupción.
SIR (סיר). Caldera o palangana que el vulgo llama olla.
SEDEROT (Bl. LXX 11,15). Muralla o pórtico público.
SABIA Cabra salvaje o ciervo.
SELA Siempre.
SEMAT Que oye.
SAALUM Que retorna.
SALMANASAR Perfecto para el vínculo o para encadenar.
SAFARVAIM Libros, o bien, escritos, textos.
SECCOTBANOT Tabernáculos. También, sombrillas o lugares sombreados de los hijos.
SENACHERIB (Senaquerib). Que levanta o eleva en el desierto.
SOBNAST Que se instala o regresa.
SAESDEMA (Sedema). Aire corrupto o pestilente que en griego llaman ανεμοφορίαν, es decir **ANEMOFZORIA,** peligro causado por el viento.
SARASAR Príncipe de la tribulación.
SAFAN. Su labio.
CADESMOT (Bl. LXX 30,5). Llanuras o regiones de cultivo.
SARAIAS Vínculo, ligadura.
SAFANIAS El Señor se oculta, o bien, protección del Señor.

Todos los nombres que siguen con la inicial "T", deben leerse con una aspiración añadida.

THAFSE Que indigna. También, sesión interrumpida u obstaculizada.
THRGLAT Que emigran. Debe entenderse en el sentido práctico del griego αποίκιξων es decir, que traslada o transporta a otros.
THARTAC Subversión.
THARTAN Le dio una tórtola, o bien, superfluo. También, que se aleja.

THALASAR Príncipe sospesado o que tiene peso.
THAASAR Riquezas.
THECUE Paciencia.
TERCO (Tharaca). Alejado. También nos referimos al nombre propio Próculo[XLV].
THOT (Tofet). Protección de la boca, pero también, gehena, infierno.
THERAFIM (Bl. LXX 24,24). Incendios, pero sería mejor traducirlo como imágenes o figuras.
THANAMET Consolador.

XLV. En latín el adverbio "procul" significa alejado, distanciado, de él procede el nombre propio Próculo.

SALMOS

ABSALON Padre de Paz.
ASAF Que asocia.
ALEF (Elef). Mil. También, doctrina.
AIN Fuente, o bien oculto.
BALLFEOR Que tiene la boca abierta, o bien, que tiene la entrada de piel. También, hecho de piel.
BET Casa.
BABILONIA Confusión.
CADES Cambiada o santa.
COF Invitación, llamamiento, vocación. También, empujón.
CEDAR Tinieblas o tristeza.
CHUSI Etíopes.
DALET Puerta o tabla, tablón. También, pobre.
EZRAIRES Simiente de Dios.
ERMON Su anatema o anatema de tristeza.
EFRATA Fructífera
HE La misma o esa. También, que toma o asume.
HET Vida o vivacidad.
FE Boca o para la boca. También, lazo o trampa.
GEBAL Que definen o delimitan.
GIMEL Retribución o plenitud.
JEMINI Mi derecha.
IDITUM (ידותו). Que los atraviesa o salta por encima.
IOD Principio o ciencia.
LAMED Doctrina o disciplina.
MEM De lo cual o de los mismos. También, agua.
NUN Eterno. También, pez.
RES Cabeza.
SALMUNA (צלמנע). Sombra del obstáculo, o bien, que siente. También, imagen de la fuerza.
SAMEC Firmamento, pero también sería correcto traducirlo como una cierta erección. Además, podríamos interpretarlo como ayuda, o bien, piensan en un soporte.
SADE (צדה). Justicia, o bien, región. También, caza.
SIN Dientes.
TET Bien o bueno.

Los cuatro nombres que restan iniciados por "T", deben pronunciarse con una aspiración añadida.

THAU Signo. También, por debajo.
THALASAR Dar peso al príncipe.
THOBEL Ofrecer.
VAU Y (conjunción copulativa), o bien, él mismo.
ZEBEE Víctima para el sacrificio.
ZAIN Fornicación, o bien, oliva. También, ésta.

Sobre el alfabeto de los hebreos, ya he hablado largamente en la carta, que a propósito del Salmo 118, escribí a Paula[XLVI].

XLVI. Que viene catalogada con el nº 30, va dirigida a Paula y se le ha dado el título de "sentido místico del alfabeto hebreo".

ISAÍAS

AIT (Ajat). Condenación.
AELAMITE Despreciados o comparados.
ASAF Que asocia.
ARRAN Ira o irascible.
ANE ¿Está conmovido?
AVA Iniquidad.
ADRAMELEC Los reinos atractivos o rey atractivo.
ASERDAN Lazo o cuerda de piel. También, del juicio.
ACHOR Alteración o tumulto. También, perversión.
BARACHIAS Bendito del Señor, o bien, el Señor bendito [43].
BOSRA En la tribulación.
BALADAN Que viene para juzgarla.
BEL Viejas. También, excepto o sin.
CETHIM De los breves o concisos. También, plagas de consumación.
CARTAGINES De la indagación.

CIRO De la herencia.

Los dos nombres que siguen, deben leerse con una aspiración añadida a la inicial.

CHALENE Todos.
CHELCIAU (הלריהו). Mi parte es el Señor.
DIMAON (Dibon). La tristeza les basta.
DESET Prensa. También, unción.
DODANIM Que pertenece a los hermanos del padre.
EMMANUEL Dios con nosotros.
ELEALE Para la subida o elevación.
EGLAIM (Bl. LXX 15,8). Terneros o terneros jóvenes.

Los tres nombres que siguen deben pronunciarse con la inicial prolongada.

---

43. También, el Señor bendice.

ELAMITA Despreciados o comparados.
ELIM Apetito o que desfallece.
EFA Desligado, o bien, apoyado sobre algo.
FACCE Que abre.
FUD (Bl. LXX 60,10). Cavar, abrir.
GEBIN Foso, trinchera.
GOZAM Nuez de ellos.
JASUB Que regresa.
JAAS (Jassé). La mitad.
JOACHE Del cual es hermano, pero mejor sería traducir este nombre como aquél que reconoce o glorifica.
JERUSALÉN Visión de Paz.
LAISA León.
LUN Mandíbulas o mejillas.
LUD Util, o bien, que cambia de dirección. También, ¡ojalá!
MEDIAN Iniquidad.
MAGRO (מגרון). De la garganta, o bien, fauces.
MACHMAS Tributo de la granja. También, del tacto.
MADABENA De su salto.
MENFIS De la boca.
MARODAC Aflicción amarga, o bien, desvergüenza, atrevimiento.
MOSCO Que cogen.
NABAO Los que vienen. También profecía.
NEMRIM De los leopardos o de los apóstatas.
NINIVE Retoño, infante. También, germen de la hermosura o atractivo, brillante.
NASARAC Germen ligero o tierno.
NABO Sesión. También, que se presenta, comparece.
OZIAS Fuerza del Señor.
ORONIM Orificio o brecha de tristeza.
RAMELIAS Elevación del Señor.
RESEF Llama o carbón ardiente.
RABBA Muchas o multitud.
SOREC Optima o elegida.
SICERA (Bl. LXX 5,11). Ebriedad.
SERAFÍN Ardientes o que incendian.
SILOA Enviado.
SION Atalaya, mirador.
SABA (צבא). Ejército.
SAMARIA Vigilante de ellos.
SUFIR Cosa inútil o sin efecto.
SABAMA Que eleva, o bien, altura.
SARGAN Príncipe del jardín.
SOBNAN Que se aposenta o vuelve.
SISAIM (Sabaim). Que salen.
SARON Príncipe de la tristeza o que canta la tristeza.
SARUSAR Príncipe de la tribulación, o bien, elevación de la angustia.
SABAIM Cautivos.
SABE Cautividad.
TABEEL Dios bueno.
TANIS Que confía las semillas a la tierra.
ZACARIAS Recuerdo del Señor.

OSEAS

BEERI Mi pozo o en mi luz.
BAALIM En los superiores, o bien, que poseen. También, varones.
DEBELAIM Pasteles hechos con higos.
JOTMAN Consumación del Señor o perfección.
JEZRAEL Simiente de Dios.
JARIB Que discierne, o bien, resuelve. También, que castiga.

JEREBEEL Juicio de Dios. También, el superior o el más elevado es el que juzga.
MAAMAD (Bl. LXX 6,10). Deseable.
OSEE Que salva o salvado.
ON (Bl. LXX 4,16 y 10,5). Vanidad, dolor o iniquidad.
SAIMANA Consumado o perfecto.
SABAIM Inmovilidad o que están quietos.

AMÓS

AMOS Fuerte, robusto. También, que arranca o separa del pueblo.
ACCAREN Pasto para el ganado o en los pastos.
AMESIAS Fuerte del Señor, o bien, que eleva al pueblo.
GAZA Su fuerza.
GOG (Bl. LXX 7,1). Δώμα, es decir, féretro, tejado o tapadera.

MALCHON Nuestro rey.
REFAB Vuestra obra u operación. También, vuestro descanso.
SARFAT Incendio.
TEMAN Aspero, severo. También, viento del sur.
THECUE Trompeta, bocina o percusión.

MIQUEAS

ACAZ Que aprehende o sostiene.
ANACIM (Bl. LXX 2,10). La humildad que se opone o rechaza.
MICHA ¿quién está aquí? O bien, ¿Quién es éste?

MARASTHI (Moraset). Adherido a mí.
NEMROD Apóstatas.

ABDIAS

ABDIAS Siervo del Señor.

JONÁS

AMATHI Mi verdad o mi fiel.
IONA Paloma o que sufre.

JOPE Hermosura.

NAHUM

ELCESEI (Elcos). Defensores.
NINIVE Retoño, infante. También, bella o atractiva.

NAHUM Consolador.
SENAM Abundancia.
SERAFAD Incendio.

HABACUC

AMBACUC (Habacuc). Que abraza o defiende[XLVII].

XLVII. San Jerónimo en su carta nº 53 a Paulino de Nola dice: "Habacuc, o sea, luchador fuerte y duro; está en guardia y detiene sus pasos sobre la fortaleza para contemplar a Cristo en la cruz".

SOFONÍAS

AMARIAS Que habla con el Señor. También, Verbo del Señor.
GEDALIAS El Señor engrandecido o magnífico.

SOFONIAS Observador o que le oculta[44].

---

44. Quizás resulta más apropiada la traducción del propio San Jerónimo sobre este nombre cuando dice: "Observador que conoce los secretos del Señor".

HAGEO

AGEO Festivo o solemne.
JOSEDAC Justo del Señor, o bien, justificado.
SALATIEL Del Señor que pide o petición del Señor[XLVIII].

ZOROBABEL Príncipe o gobernador de Babilonia, o bien, nacimiento de Babilonia. También, emigración extranjera.

XLVIII. Algunos autores traducen este nombre como "petición de Dios" que nos parece más adecuada a la terminación de este nombre, es decir, אל, Dios.

ZACARÍAS

ADDO Siervo. También, su testigo o su fuerza.
ASAEL Obra de Dios.
ANANEL Gracia de Dios.
CHASELEU Su esperanza.

RAGOM Invierno o delito grave.
RAMA Excelsa, elevada.
SACAT Cetro o vara distintiva del rey.
SEDRAC Mi dignidad.

MALAQUÍAS

ELIAS Mi Señor.
MALACHIAS (Malaquías). Mi ángel.

THISBITAS Que captura.

JEREMÍAS

ANATOT Respuesta, o bien, signo que responde. También, obediencia.
AMON Fiel, o bien, que nutre. También, carga o peso.
ANAMA Gracia esparcida o Gracia de Dios.
AZOR Ayudante.
AMASIAS Obra de Dios.
ANAMEL Lo que Dios donó.
ASEDEMOT (Bl. LXX 38,40). Llanura para el cultivo o suburbana, rural.
ANANEEL Gracia de Dios.
AZECHA Cerrada con pestillo. También, robusta.
ABANIAS Gracia del padre.
ANIAS Gracia del Señor o que el Señor otorga.
ABDIEL Que sirve a Dios.
ABDEMELEC Siervo del rey.
ASA Obra.
AFRE Furor ajeno, o bien, vida disipada o rota.
AZAU (Esai). Su fuerza.
AROER Excavada por debajo, minada, pero sería mejor traducir este nombre como tamarisco (arbusto).
ALASA Triple o dividida en grupos de tres.
AHÍ (Hai). Cuestión, o bien, valle. También, vive.
ARFAT Que cura o sana.
ASCHENEZ Fuego que rocía (V. Not. I).
AMUTAL Rocío caliente.
AVIL (Evilmerodac). Tonto o insípido.
BUZ Que mira desde arriba con desprecio.
BARUC Bendito.
BAALIS (Baalim). Que posee varón.
BAASA Viene en la obra.
BOSOR (Bosra). Tribulación.
BEL Vejez, antigüedad.
CARIATARIM (Quiriat-Arim). Ciudad en el bosque.
COLAIA (Colias). La voz ha sido hecha.
CEDRON Angustia triste, dolor.
CARIATAM (Quiriatam). Ciudad o villa de ellos.

CARIOT (Quiriot). Encuentro o contacto con el signo.

Hasta aquí los nombres que deben leerse con la letra "C" simple; a partir de ahora los pronunciaremos con una aspiración añadida.

CHELCIA (Helcia). Parte del Señor.
CHABONIM Mano, o bien, montón de espinas, o mejor, preparativos, pero generalmente los hebreos lo traducen como pastel, bombón o golosina.
CHAMOAM Parecido a ellos.
CHARMAMOS (Charchamis). Rebaño de corderos. También parentesco o rama de familia.
CHAMOS Asociado.
DEDAN Este juicio, o bien, tal juicio.
DELAIA El señor vacía o saca agua. También, el pobrecillo o pequeño pobre del Señor.
DIBON Bastante inteligente.
DEBLATHAIM Pan o pastel de higos de ellos.
ENOM He aquí éstos, o bien están.
ENLATAN Para dar o don de Dios.
ELASA Para hacer.
EZRIEL Adjunto a Dios.
ESBON Pensamiento de tristeza.

Hasta aquí los nombres que debemos leer con la "E" breve; a partir de ahora le añadiremos una extensión.

ELAM Oposiciones u objeciones. También, compuestos o preparados.

ELISAMA Mi Dios oyente.
EFAI Deficiencia mía.
ELISAME Con el Señor oyente.
ELOM (Hebon). Ejército de fuerza
FESOR (פשחות). Boca negra.
FATHURES Engañado, decepcionado, pisado. También, pequeña boca segura, probada o de confianza.
FARAÓN Desorden, ruina, perturbación.
GAMARIA El Señor retribuye, o bien, el Señor consume.
GARAB Aspereza, rugosidad. También, muchos habitantes o residentes.
GAMUEL Retribución.
JEREMIAS Elevado del Señor.
JECHONIAS Preparación del Señor. También, hecho así.
JEZONIAS Que escucha al Señor.
JEGDALIAU (Jeguedelías). Señor magnífico.
JOECHAL. Robusto y fuerte.
JERAIA (Jeraías). Que teme al Señor.
JONATHAN Don del Señor. También, le dio la paloma.
JUCHAL Poderoso.
JOANAM Era el donante. También, don de Dios.
JAZER Auxiliado.
MASAIAS (מעשיה). Obra del Señor.
MORETI (Morasti). Adherido a mí.
MOLOC Rey.
MATANA.(Matan). Obsequio o don.
MELCHIA Mi rey.
MASEFA Observación o contemplación.

MAGDALO De la magnificencia o de la torre.
MEFAT Impetu del agua.
MAON Residencia, estancia, permanencia.
MELCHAM Rey de ellos.
MARODAC Pena amarga o desvergüenza, descaro.
MEDON (Bl. LXX 28,11). De la medida.
NEELEAMITES Herencia de cierto hombre.
NERIA Lámpara del Señor.
NATHANIAS Don del Señor o el Señor dio.
NERGEL Linterna en el montón.
NABUSABARU Tiempo gastado, perdido.
NECHAO Preparado éste.
OMRE (Emmer). Verbo, palabra.

Excepo el nombre que antecede, los cuatro que siguen, deben leerse con la inicial prolongada.

OFAZ Clase de oro.
OBJADAE (Jojada). Su ciencia o la ciencia del Señor. También, él mismo conoció.
OSAI Me salvará.
ORONAIM Orificio o brecha de la tristeza.
RECHAB Carro tirado por cuatro caballos. También que sube o asciende.
RABSARIS Eunuco mayor.
RABMAG Mago mayor.
RABLATHA Esta es abundante, o bien, ese es numeroso.

SEDECIAS Justo del Señor.
SIOR Soporte diferente. También, agitado.
SOR (Bl. LXX 21). Fuerte o piedra.
SESAC (ששך). Saco de lino o bolsa de mano.
SELOM Trasferido o traspasado. También, que restablece.
SAMAIA Que oye al Señor.
SAFANE Su labio.
SALON Que retribuye, o bien, pacífico.
SEFEIA (Bl. LXX 39,44). Humilde o campestre.
SELEMIAS Cuando el Señor devuelve.
SARAIA Fue príncipe.
SAFATIAS El Señor juzga.
SARASAR Príncipe de la tribulación.
SAMAGAR Nombre de extranjero.
SARSACHIM Príncipe de la carroña o de la ruina.
SAFAN Grillo o erizo. También, el labio de ellos.
SABAMA Que levanta o aumenta lo excelso.
SEON Lenguaje inútil o vano.
TAFNAS Rabiosa boca de serpiente. También, signo oculto.

Los dos nombres que siguen con la inicial "T", deben leerse con una aspiración añadida.

THOF (Thofet). Gehena. También, peligro o riesgo de la boca.
THAAMAT Permitió la indignación o bilis.

DANIEL

ASFANEZ Domador de caballos.
ANANIAS Gracia de Dios.
ABED-NEGO Servidor que calla [XLIX].
AMALASAR El príncipe dijo.
ARIOC Que vuelve a la soledad
ASUERO Su atrio o vestíbulo. También, felicidad.
ASTIAGE Voluntad. También, consejo o resolución de la alegría.
AMBACUC (Habacuc). Que los abraza o los recibe.
ARTAJERJES La luz palpa en silencio.
BALTASAR Cabellos de la cabeza.
BARI Lo que debe ser cambiado. También, pozo o en el vientre.
BEL Vejez o antigüedad.
DURA Que habla.
ELAM Seculares o sempiternos.
FORTHOMIM División perfecta del pueblo glorioso.
JOACIM De la cual es la preparación o preparación del Señor.
JEZECHIEL (Jezequiel). Fuerte de Dios o que aprehende a Dios.
JEZENIAS Su oído, o bien, cuando oye al Señor.
JOBAD Enemigo. También, es el padre.
ISIMOT Hará venir la muerte.
ISAR Inalterable. También, niña pequeña.
JEZAEL Es el camino.
IN Fue. También, medida.
MISAEL ¿Qué es la salvación del Señor?[45]

XLIX. עבדנו, es decir, ABED-NEGO, es el nombre caldeo dado a Azarías, compañero de Daniel.

45. Algunas ediciones antiguas de esta obra traducen este nombre como ¿qué es el bastón o la vara del Señor?, confundiendo מישאל que quiere decir ¿quién pide o interroga?, con מקל, bastón, vara. Sin embargo en hebreo viene escrito מישאל. En la lengua caldea este nombre está citado en Daniel 1,7 como מי שהאל que se traduciría diciendo: ¿de qué manera es Dios?, o, ¿qué es Dios?

MISAC ¿Qué es la risa o la alegría?
MANE Conté, calculé, enumeré.
MICHAEL (Miguel). ¿Quién es como Dios?[L].
PERSAS Que tientan.
SUSANA Lirio, o tambien, su gracia.

SENAAR Extracción de una muela.
SIDRAC Adorno mío.
SUSIS Equitación. También, que regresa.
ULAI Estanque, laguna, o bien, dolor de pierna o del fémur. También, sombrilla o parasol.

L. En hebreo מיכאל (Miguel). Separando las letras que forman este nombre obtendríamos מי "¿quién?", כ "cómo", אל "Dios".

EZEQUIEL

AZUR Ayudado.
ACHERETHI Que asesina o destruye.
ASORIM Fuego de las iluminaciones.
ARAN (Harán). Ira o iracundo.
AUN Inútil, vano o ídolo.
AINAGALIM Fuente, o bien, ojo de ternero.
AZARA Pedestal, terraplén o muro de contención.
AURAN Cólera, rabia.
ARIEL León de Dios.
ASER Felicidad.
ASEMEL Silencio de la circuncisión.
ACHAL Todas las cosas.
ARADII Que deponen o renuncian.
AELAMITE Que se aplican encima (apósitos). También, barreras.
BUZI Insignificante.
BANAIA Edificio del Señor.
BEROTHA Su pozo.
BAALMEON Descenso humilde.
BAGAZIN Despreciable en la altura.
BUBASTUS Labio o boca experimentada.
BET Hija, o bien, medida.
CARIATIM (Quiriatim). Ciudad de ellos.
CEDAR De tristeza o de tinieblas.
CADES Cambiado
CUR (קרה). Helada.

Hasta aquí hemos leído nombres que empiezan por "C" simple; a partir de ahora los pronunciaremos con una aspiración añadida.

CHOBAR (Quebar). Pesadez o gravedad. También, como el elegido[LI].
CHODCHOD Cartagineses.
CHANA Fundamento, base, o bien, preparación.

LI. Procede del hebreo כבר. Separando las letras que forman este nombre obtendríamos כ "como" y בר, "elegido".

CHALAMAT Consumó, o bien, midió.

CHALDEOS (Caldeos). Como las mamas, los pechos, o bien, como los demonios. También, como los robos o saqueos [LII].

CHERETIM Que disponen.

CHENOR Conocimiento de la luz. También, cítara.

CHERCHORO Separación conocida [46].

CHELBON (Bl. LXX 27, 28). De la leche o lácteo.

CHALAMAR Todo amargura.

CHOMOR (חמר). Heridas o provocaciones.

DEBLATHA Pan de higos.

DIOPOLIS (Alejandría). Rechazar, negar con la cabeza, pero en Grecia se la conoce como la ciudad de Júpiter.

ESMAL (חשמל). Electrón, aleación de oro y plata, o bien, ámbar amarillo.

ELISA Junto a la isla, o bien, Dios Salvador.

ELBON Fuerte o fuerza de Dios.

ETHALON Lugar de nacimiento de la tristeza.

AZER (Azur). Fuerza o ayuda.

EMER Palabra o Verbo.

ESCHANI (Canaan). Cambiantes o que contradicen.

ELISEE (Eliseo). Dios es éste, o bien, salvación de Dios.

Hasta aquí, hemos leído estos nombres con la inicial "E" breve; a partir de ahora los leeremos con una prolongación añadida.

ENAGALIM Fuentes, o bien, ojos de terneros.

ETAM Sempiterno o secular.

EFA Medida.

ENGADI Ojo de cabrito.

ENOM Fuente de la fuerza.

FELETIAS Salvación del Señor.

FUT Libia.

FENNAG Señal o gesto hecho con la cabeza.

FACUD (Bl. LXX 23,23). Visitado o que visita.

GAZE Su fuerza.

GOG Féretro, techo, tapa.

GOMOR Consumación o perfección.

GALALI (Bl. LXX 9,15). Revolcadero.

GALILEA Que gira o inestable. También, traslado realizado.

JEZEHIEL Fuerza de Dios.

JEZOMA Su oído.

IN Medida.

JOB Pacífico, tranquilo.

IR Vigilante, despierto, atento.

LII. כשדים, es decir, caldeos. Separando las letras que forman este nombre, obtendríamos שד que significa a la vez "mama, ubre, demonio, robo, saqueo". La letra כ es el adverbio de modo "como" que se usa en este caso como prefijo, y, ים es aquí un sufijo que indica el género masculino y el número plural.

46. Este nombre se encuentra en Ezequiel 27,16. En hebreo se escribe כדכד y significa rubí.

LIDI Nacidos.
MAALMEON (Beelmaon). Dispusieron de habitación o con habitación.
MESECIM (Mosoch). Dementes. También, que arrastran.
MAGOG ¿Qué techo?, ¿qué féretro?, ¿qué tapa?
MEGIA Desprecio.
MACHALAIM (Bl. LXX, 26). Sus perfeccionadores.
MAGDOL (Bl. LXX 30,10). Grandeza. También, torre.
MAGALIM Emigraciones, o bien, colonias.
MANAIM Sobre el descanso o el reposo.
NOE Descanso, reposo.
OOLA Tabernáculo.
OOLIBA Mi tabernáculo en ella.
OEFA Calor.

Hasta aquí hemos leído nombres con la inicial "O" breve; a partir de ahora los leeremos con la misma inicial pero prolongada.

OZAM Partió, se marchó.
ORAM (Haram). Irritados, enfurecidos.
OFAR (עוף). Pájaros o volátiles.
OSIAS Salvación del Señor.
ON Dolor o tristeza.
RABAT Multitud.
RAAMA Trueno.
RODI (Bl. LXX 17,15). Visión del juicio.
RAMOT (Bl. LXX 27,16). Visión de la muerte.
REGMA (רעמה). Alguna malicia.

SOMEL Idolo o simulacro.
SAFAN Erizo o liebre. También, su labio.
SELA (צלה). Su sombra.
SEMOT (שמות). Nombres.
SANIR Eleva lo inaudito, o bien, diente de luz.
SENE Su anillo o aro. También, experimentada, avezada.
SEIM Que surgen, crecen o suben.
SODADA Su lado, su costado.
SABAARIM Dar la vuelta o rodear los montes.
SAFIRUS (Bl. LXX 9,2). Bello o magnífico.
SUA Salvador.
SAIS (Bl. LXX 22,3). Intento, prueba.
SAFARIM (ספרים). Libros. También, historiadores.
SONAM (צאנם). Rebaño de ellos, o bien, dientes de ellos.
TANIS Recado humilde.
TAFNAS Que insensibiliza. También, boca de serpiente.

Excepto los dos nombres anteriores, los siguientes con la misma inicial, deben pronunciarse con una aspiración añadida.

THELABIM Dispersos. Sobre este nombre hablamos largamente en nuestro "Libro de Cuestiones hebraicas".
THAMUZ (Bl. LXX 3,14). Que consuman o despreciados. Sobre este nombre ya hemos hablado repetidamente en estos libros.
THERAFIM Figuras, formas.

THUBAT Que denuncia, es denunciado o denunció.
THOGORMA Que arranca o separa. También, poblado de algo o habitado por algo.
THAFNES Signo oculto.
THIRON La parte intermedia o central.

THAU (תו). Consumación, final, signo.
THASOF (תשפה). Observación.
THOBEL Entera[LIII].
THEMORA Consumación de la amargura.
ZARDA Apartado, alejado.

LIII. La primera acepción latina de este nombre, según San Jerónimo, es UNIVERSA que puede traducirse como completa, entera, pero también como UNUS VERSUS, es decir, que gira en un solo sentido.

JOB

ASOM Silencioso o de hueso.
ADAD Del hermano del padre. También, testigo.
BALDUD Antigua, vieja.
BARACHEL Bendición de Dios.
BUZITES Despreciables.
BARAD Granizo.
BARACHEL Dios bendijo.
BUZI Me despreció.
DENABA Que lleva un proceso o juicio.
ELIFAZ Oro fino de Dios.
ELIU Este es mi Dios o Señor Dios.
GABIS (Bl. LXX 18,18). Nivel de confusión.
GETHAN Unieron, aplicaron.
JOB Que sufre o paciente.
LEVIATÁN Incremento de ellos.
MAZUROT (Bl, LXX 39,22). En griego ξῳδιον, es decir, signos del Zodiaco.
NAAMATHITES Que aleja la muerte.
NAAMAT Atractivo.
OFAR (עופר). Que vuela.
OFIR (אופר). Debilidad corporal.
RAAM Visión. También, muchas cosas.
RAFDAIM Médicos. También, gigantes.
RATAMIM Enebros (arbustos).
RAM Excelso.
SAUCHEON (Σαυχέων). Canciones, cantilenas.
SOFAR Destrucción del lugar de observación o que dispersa al observador. También, veré al observador.
SABA Conversión o giro. También, cautiverio.
SECHUI Variedad, diversidad.
SATAN Adversario.
SUI (שוחי). Que habla o que conversa.
SENEC Címbalo, campana.
TOPACIO Bueno[47].

---

47. El inicio de este nombre בוט (tob), en hebreo significa bueno.

Libros del Nuevo Testamento

EVANGELIO SEGÚN SAN MATEO

ABRAHAM Padre que ve al pueblo.
AMINABAD Mi pueblo espontáneo, libre.
ABIA Padre Señor.
ASA Que levanta o cura.
AZIAS (Ozías). Que aprehende al Señor. También, madera de roble, robustez del Señor o fuerza del Señor.
AAZ (Acaz). Que aprehende.
AMON (אמון o עמון). Fiel o nutricio si empieza con la letra א, pero si se incia con la ע, se traduce como lleno o rebosante.
ABIM Éste es mi padre o es mi padre.
AZOR Ayudado.
ARCHELAO El león reconoce.
AMEN Verdaderamente, fielmente.
ANDREAS (Andrés). Decoroso, decente. También, que reacciona ante el alimento, el forraje.
ALFEO Fugitivo, o bien, milésimo o por milésima vez. También, Instruido, docto.

AMORA Pueblo conocedor o que sabe e iluminación del pueblo.
ABEL Vapor, vaho, o bien, llanto, pena. También, vanidad.
ACHELDAMA Campo de sangre. Este nombre es siríaco, no hebreo.
BOOZ En el que hay robustez, o bien, en él mismo está la fuerza, pero quizás sería mejor traducirlo como en la fuerza.
BARTOLOMÉ Hijo del que contiene las aguas, o bien, hijo del que me contiene, sin embargo, este nombre es siríaco, no hebreo.
BETSAIDA Casa del grano o de los cereales, o casa de los cazadores.
BARJONA (בר יונה). Hijo de la paloma. Tanto en siríaco como hebreo בר, es decir, BAR, quiere decir hijo.
BETFAJE Casa situada en la entrada de los valles. También, casa de la boca. Sin embargo, algunos piensan que debería traducirse como casa de las mandíbulas o maxilares. Es siríaco, no hebreo.

BETANIA Casa de aflicción o casa de obediencia.
BARACHIAS Señor bendito, o bien, bendito del Señor.
BARABAAM Hijo de nuestro maestro. Es siríaco, no hebreo.
CAIFAS Investigador o sagaz, pero mejor sería traducir este nombre como aquél que vomita por la boca.
CODRANTES Estar oscuro, o tinieblas. Hay que decir que nosotros iniciamos este nombre con la letra Q y decimos QUADRANTES[LIV].
CANANEO (קנני). Que posee o posesión.

Hasta aquí, los nombres escritos con una "C" simple, en griego "K"; a partir de ahora los leeremos con una aspiración añadida a la inicial.

CHANANI (קנני, Canani). Mercader, comerciante, o bien, mutable. También, él mismo pobrecito.
CHORAZAIM Este misterio mío.
CHANANEOS (Cananeos). Mercaderes, comerciantes.
DIABLO Que cae o desaparece. En griego significa, acusador, delator.
DAVID Deseado, bienamado o de mano fuerte.
DANIEL Juicio de Dios, o bien, Dios me juzga.

ESROM Vio la flecha, o bien, vio el atrio de ellos.
ESSAI (Jesé). Libación, ofrenda de la isla, pero mejor sería traducirlo como ardiente, encendido.

Hasta aquí, hemos leído nombres que empiezan con la letra "E" breve; ahora los leeremos con una extensión añadida.

ALIACIM Resurrección de Dios o Dios resucitado, o bien, Dios resucitará.
ELIU Éste es, o Dios, o bien, de éste mi Dios.
ELIÉCER Mi Dios adjunto.
ELIA (Elías). Dios Señor.
ELI, ELI, LAMA SABACTANI Dios mío, Dios mío, ¿por qué me has abandonado?
FARES Divididos o dividió.
FARISEOS Que dividen o divididos.
GENASAR Jardín del príncipe.
GEHENA Están en el valle, o bien, valle sin interés, inútil.
GETSEMANI Valle de la abundancia.
GOLGOTA Cráneo, calvario o monte de las calaveras. Es siríaco, no hebreo.
JESUS Salvador o que debe salvar.
ISAAC Risa o alegría.
JACOB Suplantador.
JUDAS Que confiesa o glorifica.

LIV. Quadrantes, que traducimos en castellano como cuadrante o que cuadra, también se refiere a algo que tiene cuatro partes.

JOSAFAT. Es él mismo que juzga, o bien, el Señor juzgará.
JORAM Está elevado allí o aquél que está elevado, o mejor, glorificado.
JHOTHAM Consumado o perfecto.
JEZECIAS Fuerte del Señor, o bien, el Señor le confortará.
JOSIAS Allí está el apasionado del Señor o en el que hay el fuego del Señor, o bien, salvación del Señor. También puede traducirse como la fuerza del Señor.
JECHONIAS Que prepara, o bien, preparación del Señor.
JOJACIM Resurrección del Señor, o bien, el Señor se levanta, despierta.
JOSE Añade o añadió.
JERUSALÉN Visión de paz. También temor perfecto.
JEREMIAS Elevado del Señor.
JOANAN En el que existe la gracia, o bien, gracia del Señor.
ISAÍAS Salvación del Señor.
ISCARIOTE Memorial del Señor, pero si quisiéramos leer **ISSACHARIOT**, lo traduciríamos como, es recompensado[48]. Puede también interpretarse como memoria de la muerte.
JERICO Su olor. También, luna.

No creemos necesario añadir aquí los nombres que empiezan con la letra "K", pues en latín, excepto la palabra Kalendas, todas empiezan con "C".

LEBEO Figurado nombre del corazón que nosotros llamamos corazoncito como palabra cariñosa.
MENASES Olvidadizo.
MATHAN Don o donado, otorgado.
MARIA En muchas ocasiones se ha traducido como aman, estiman, o bien, éstos me iluminan o iluminadora, pero a mí, no me parece correcta ninguna de estas interpretaciones. Mejor sería traducirlo como estrella del mar o señora[LV].
MATEO Donado, concedido un día, una vez.
MAGGEDA Su fruto, o bien, consejera. También, que anuncia.
MAGDALENA Torre, pero sería mejor traducir este nombre como del monte o montañés, o bien, del castillo o castellano.
NAASON Algunos piensan que quiere decir ruido pesado, pero yo prefiero traducirlo como presagia,

---

48. Sin duda San Jerónimo pensó aquí que el nombre ISSACHAR, es decir, יששכר, hijo de Jacob y Lía.

LV. San Jerónimo utiliza la palabra hebrea מרא, mara, (señora) en lugar de מרה, mara, (triste, amarga); la diferencia entre ambas es el uso de la א o de la ה. Sin embargo si al nombre מרה le añadimos la pequeña י se convierte en מריה, es decir, María, cambiando por completo el sentido del nombre mara, cuya amargura ha quedado así, dulcificada.

augura, o también, la serpiente de ellos.
NAZARET (נצרת). Flor o su tallo. También, pureza o separada o protegida. Este nombre se escribe con la letra hebrea צ que tiene un sonido intermedio entre nuestras S y Z.
NAZOREO El mundo.
NEFTALI Discreto, separado o que gira, da la vuelta o envuelve, se enrosca al cuerpo como una culebra.
OBED Sirviente.
OSANNA Salvador[LVI].
RAMMA Excelsa o exaltada.
RACHEL (Raquel). Oveja o vidente de Dios.
RAAB Grande o dilatada.
RACHAB Que se apresura.
RAABAM Impetu del pueblo.
RACA Inútil, vano.
RABI Mi maestro.
RAMATHAM Elevada de ellos, o bien, sublime para ellos.
SALMAN Sensible o sentido.
SALOMÓN Pacífico, o bien, serás pacífico.

SALATHIEL Dios, petición mía.
Los tres nombres que acabamos de traducir, se escriben con la letra ש; los dos que siguen tienen al inicio la letra צ.
SADOC Justificado o justo.
SIDONA Caza, partida de caza.
THAMAR Palma o amarga.
THOMAS Abismo, o bien, hermano gemelo, por lo que en griego es llamado Δίδυμος, es decir, Dídimo[LVII].
ZARE Oriente o se levantó, surgió[LVIII].
ZOROBABEL El mismo jefe de Babilonia o de la confusión.
ZABULON Habitación, residencia, pero también puede traducirse como sustancia del habitáculo.
ZEBADEO Dotado. También, ese que fluye.
ZACARIAS Memoria del Señor o que se acuerda del Señor.
ZACHEO (Zaqueo). Justificado o justo. También, deber ser justificado. Es siríaco, no hebreo.

LVI. San Jerónimo, en su carta nº 20 al Papa Dámaso, explica con todo detalle las distintas acepciones de este nombre.
LVII. En el Evangelio leemos (cf. Jn. 20,24): Tomás, uno de los doce llamado Dídimo. San Jerónimo nos aclara que Dídimo en griego significa gemelo puesto que la palabra hebrea תאום (tom) de dónde procede Tomás, significa gemelo. Sin embargo, si cambiamos una sola letra de este nombre y escribimos תהום, su pronunciación seguiría siendo "tom" pero significaría abismo.
LVIII. San Jerónimo utiliza en primer lugar el verbo latino ORIOR en su participio de presente o adjetivo ORIENS, oriente, levante o sol naciente, y, después, en su tiempo perfecto de indicativo, ORTUS EST (no olvidemos que se trata de un verbo deponente, es decir, que sólo tiene forma pasiva pero con sentido activo), se levantó, surgió.

EVANGELIO SEGÚN SAN MARCOS

ARIMATEO Su altura o él mismo está elevado.
ABBA Padre.
IDUMEA Rojiza, o bien, de tierra.
ISRAEL Hombre que ve a Dios, pero mejor, recto o justo del Señor.
CENNA Celo, pasión.

SALOME Pacífica.
TIRO Para la angustia. En hebreo este nombre procede de צר que nosotros traducimos como angustia.
TIBERIO Su visión o su bondad.
TALITA CUMI Muchacha levántate. Es siríaco.

EVANGELIO SEGÚN SAN LUCAS

AEFATA (Efata). Descubrir, o bien, ¡ábrete!
AUGUSTO Solemnemente erguido. También, solemnidad añadida.
ABILINIA Triste, que sufre o que lleva luto.
ABIA Padre Señor.
AARON Monte de ellos.
ANA Su gracia.
ASER Feliz, o bien, serás feliz.
AMOS Que carga o cargó.
AGGE Solemnidad.
ADAI Fuerte, violento. Figuradamente, en el sentido infernal de la palabra hebrea שדי [LIX].
ARFAXAD Que remedia la devastación.
ADAN Hombre terrenal o indígena.
AMMAUS (Emaús). Pueblo rechazado o excluido.
CESAR Dominio superior.
CIRINEO Del heredero, pero en nuestra lengua sería más completo y verídico escribir este nombre con "Q" para que dijera QUIRINO.
COSAM Que adivina o presagia.
CAINAM Llanto, amargura o que lleva luto.
CAFARNAUN Campo, tierra de labor. También, de la consolación.
ESELI Mi vecino.
EBER Paso, tránsito.
ENOC Dedicación.
ENOS Hombre.

Hasta aquí, los nombres que se leen con la inicial "E" simple; a partir de ahora los leeremos con una prolongación.

ERODES (Herodes). Abrigo de piel o pelliza gloriosa.

[LIX]   En hebreo y según su vocalización, la palabra שדי se refiere a Dios Todopoderoso o bien significa diabólico, infernal; de ahí la puntualización de San Jerónimo.

ELISABE Abundancia de mi Dios o juramento de mi Dios. También, séptimo.
ELI Que asciende.
ELMADADI Medida de mi Dios.
ER Que vigila, o bien, vigilia.
ENAM Ojo de ellos.
ELISAE Salvación de mi Dios.
FANUEL Rostro de Dios.
FASEE Paso o tránsito que se refiere a nuestra Pascua.
FALEC Que divide.
FELIPE Boca u orificio de la lámpara o de las manos.
GABRIEL Dios me confortó, o bien, fuerza de Dios o varón de Dios.
GALILEA Que gira, inestable o traslado realizado. También, rueda, rodillo, torno.
GERESEOS Rurales y campesinos.
ITUREA Montañosa. Es un nombre siríaco.
JORDAN Descenso de ellos, captación de ellos, o bien, el que ve el juicio.
JONAN Mi paloma.
JANNA Preparado.
JOCHARIM El Señor ensalza.
JARED Bajada o descenso.
JANA Paloma.
JAONA El Señor es su gracia. También, Señor misericordioso.
JAIRO Que ilumina o iluminado.
LISANIA Nacimiento de la tentación o demasiado violentamente.
LEVI Vecino, próximo.
LAMEC Humilde, pero algunos traducen como golpeado.

LÁZARO Ayudante.
LOT Velo, cobertura o encerrado, atado. También, sin dueño, vacante o desviado, desorientado.
MOISÉS Adquisición o que palpa, pero sería mejor traducirlo como aquél que ha sido sacado del agua.
MATATIAS Don de Dios. También, alguna vez.
MELCHI Mi rey.
MATUSALÉN Muerto, pero también, envió.
MAALALEL Dios alabado o que alaba a Dios.
MARTA Que irrita o provoca, pero este nombre en siríaco significa señora o la que domina.
NAASON Que augura o predice.
NAUM Consolación o consolador.
NERI Mi lámpara o linterna.
NATAN Que dio o los que dan.
NAHOR La luz descansó.
NOE Que descansa o descansó.
NAA Hermosura.
NINEVITAS Nacimiento de la hermosura o de la belleza.
PEDRO Que reconoce.
PONCIO Que desoye el consejo.
PILATOS Boca de martillo.

Pero hay que saber que el alfabeto hebreo no posee la letra "P" y no existe nombre alguno que se pronuncie con este sonido. Así, de modo figurado debe admitirse como si estuviera escrito con la letra "F".

ROS Cabeza.
RAM Sublime.

REU Que pace o pasto.
SICERA Ebriedad. Sin embargo, los hebreos llaman SICERA a todo aquello que puede emborracharse (pasteles, por ejemplo).
SIMEON Oyente, o bien, oyó la tristeza.
SEDI De mi lado.
SEMI Oyente.
SALATIEL Dios, petición mía.
SALMAN Paz.
SERUC Rienda, correa, o bien, que depende. También, perfección.
SALEM Envió.
SEM Nombre.
SET Situado, colocado, que fija, o bien, copa, vaso. También, brote, renuevo, origen o resurrección.
SERANTHA Encendida, o bien, escasez de pan. Este nombre está compuesto de siríaco y hebreo.
SIMON Tras de la tristeza, o bien, oye la tristeza.
SUSANA Lirio, o bien, su gracia, pero sería mejor traducirlo como lirio, azucena, pues se trata de un nombre femenino.
SAMARITANOS Vigilantes, protectores.
SODOMA Pasto silencioso, mudo, o bien, desviación de ellos. También, amarillenta.
SATAN Adversario o trasgresor.
SABA Cautividad.
SADUCEOS Justificados.

EVANGELIO SEGÚN SAN JUAN

AENON Ojo o fuente de ellos.
ANANI Me donó, me otorgó.
BANEREEM Hijos del trueno.
BARSEMIAS Hijo ciego.
BELCEBÚ Que posee moscas o que devora moscas. También el varón de las moscas.
BARABBA Hijo del padre.
CEFAS Es Pedro en Siríaco.
CANA Posesión o que posee.
EFRAIM Fructífero o creciente.
MESIAS El ungido, es decir, Cristo.
MANA ¿Qué es?
NAZARET Pureza.
SAALIM Puños. También, que sale de las aguas.
SICHAR Conclusión, o bien rama o ramo, pero es una alteración del nombre
SICHEM que se traduce como el hueso húmero.
SILOE Enviado.

HECHOS DE LOS APÓSTOLES

ANDREAS (Andrés). Dios en su lugar o residiendo en su lugar. También, que responde al alimento.
ALFEO Milésimo o sobre la boca.
ACHELDAMA Tierra de sangre. Es un nombre siríaco.
AEGIPTO Tribulaciones o tinieblas.
ARABES Humildes, o bien, campestres.
ANAS Que dona.
ALEXANDER Que quita la angustia de las tinieblas (en su sentido de la izquierda o del rigor).
ANANIAS Gracia del Señor.
AMOZ (אמץ). Poderoso o fuerte, pero si empieza con la letra ע y termina con la ן, es decir, עמן, se traduce como pueblo desgarrado o arrancado violentamente.
AZOT (אשדוד). En hebreo lo pronunciaríamos ESDOD, que significa fuego del tío paterno.

ASCALON Fuego deshonrado o fuego innoble.
AENEAS Que responde, o también pobre.
AGABUS Que anuncia la tribulación.
ATTALIAS Su tiempo, o mejor, desviación del Señor.
AMFIPOLIS Pueblo que se derrumba por la boca.
APOLONIA Disciplina. También, la sinagoga de ellos (en su sentido de la izquierda o del rigor).
ATENIENSES Investigadores o que responden. También, humildes, o bien, aniquilados por el tiempo.
ARIOS Los Areópagos[49] y sus antiguas ceremonias. Esta asamblea de atenienses recibe su nombre del dios Marte, en cuyo templo se reunían. (Hay que entenderlo en su sentido de la izquierda o del rigor).

---

49. Los Areópagos o Areopagitas eran los componentes del tribunal supremo de Atenas.

ACHILA (Aquila). Que sufre o que pare.
ACHAIA (Acaya). Hermano que trabaja.
APELES Que se asocia a ellos (en su sentido de la izquierda o del rigor).
ARTEMISA Es decir, Diana. También, que suscita enfermedades (en su sentido de la izquierda o del rigor).
ARISTARCO Que eleva la corona.
ANTIPATRIDA Dispensadores de alabanzas (en su sentido de la izquierda o del rigor).
AGRIPA Que se asocia del inmediato.
ADRUMETINA Que divide arriba (en su sentido de la izquierda o del rigor).
ADRIAS Continente malo o lugar de los malos. También, violento.
API Plaza pública o libre. También, riqueza del fuerte (en su sentido de la izquierda o del rigor).
BARTOLOMÉ Hijo del que contiene las aguas o hijo del que me contiene. Es siríaco, no hebreo.
BARSABAN Hijo respetuoso o hijo del sosiego. Este nombre está compuesto de siríaco y hebreo.
BARNABAS (Bernabé). Hijo del Profeta o hijo del que viene y también, como muchos dirían, hijo de la consolación[50].

BLASTUM Que posee, o bien, lucro.
BERIEU En la maldad o maléfico, pero algunos leen BARIESU alterando este nombre.
BITINIA Hija bella e inútil.
BEROEA Su hijo. Es siríaco.
BERENICE De manera distinguida o exquisitamente conmovida. También, hijo inocente. Este nombre está compuesto del hebreo y del siríaco.
CAPADOCIA Con el Señor, por la mano redimida.
CIRENE Heredero.
CRETA Invitación o invitada. Este nombre está al límite del siríaco y del hebreo.
CAIFAS Investigador o sagaz. También, el que vomita por la boca.
CIPRIO Triste o angustiado.
CIRENENSES Herederos.
CILICIA Reunión sediciosa, luto, o bien, acción de tomar o asumir. También, su vómito.
CESAREA Posesión del primer lugar.
CANDACIS Cambiada.
CORNELIO Que entiende la circuncisión.
CLAUDIO Esperanza del sosiego.
CIS Duro. También, el hombre que vomita.
COLONIA Revelación de ellos, o bien, sus voces.

---

50. El mismo Lucas traduce este nombre como "hijo de la consolación" cuando dice: "Entonces José a quién los apóstoles pusieron por sobrenombre Bernabé (que traducido es hijo de la consolación)" (Hch. 4,36).

CORINTO Conversión de ellos. En griego sería πολιτεία, es decir, administración pública.
CRISPO Que sabe o conoce.
CENCREAS Que tiene seguidores.
CO Escondido o que aguarda la llegada de alguien.
CNIDOS Subida, escalada del alma.
CAUDA Retorno o retención. También, sonido, grito.
DAVID Deseado, bienamado o de mano fuerte.
DAMASCO Copa de sangre.
DARBEN De la generación del hijo. También que habla.
DIONISIO Resuelto, zanjado. También, que huye rápidamente.
DAMARIS Cabeza silenciosa.
DEMETRIO Fuertemente unido, o bien, excesivamente perseguido.
DARBEO Locuaz.
DRUSILA De origen pacífico.
DIOSCUROS Hermosos para cubrir o recubrir. Sin embargo se refiere a los gemelos Cástor y Pólux.[LX]
ELEONIS Monte de los olivos que también se puede traducir como divinidad, o bien, los que añaden algo con su trabajo.
ELAMITA Se oponen, o bien, opuestos. También despreciados.
EBREOS (Hebreos). Transeúntes.

EMOR Asno, si escribimos este nombre con la letra ח (חמור), pero si lo iniciamos con la letra א (אמור), quiere decir, locuaz, hablador.
ELIMAS Para el tránsito o travesía. También, que hace pasar.
ERMES Anatema de tristeza.
ERASTUS Mi hermano vidente. Sin embargo es un nombre absurdamente ficticio.
ELLADA Para la ciencia, o bien, ciencia de Dios. También, para el ascenso.
ELLENON, es decir, de los griegos. También para los que ascienden, o bien, ciencia de Dios.
EFESO Mi voluntad está en ella. También, límite o meta de ellos.
EUTICHES Disparatado, loco o inspirado, pero yendo más lejos, los griegos le darían el sentido de afortunado.
EBRAICO (Hebraico). Su tránsito.
EURICLION Que mezcla. También, que conduce hacia abajo.

Los nombres que siguen, deben leerse con una extensión añadida a la inicial "E".

ERODES (Herodes). Gloria de la piel.
ESAIAS (Isaías). Salvación del Señor, Los hebreos escriben este

---

LX. Los Dioscuros, son los hijos gemelos de Zeus: Cástor y Pólux. Nacieron de los amores de Zeus y Leda.

nombre empezando por la letra "I" en lugar de la "E".
FILIPO Boca de las lámparas.
FRIGIA Hendidura de los corazones.
FARISEOS Divididos.
FARAÓN Que priva o despoja. También, su destructor.
FENICIOS Que aprobaron, o bien, hacer una indicación aprobatoria con la cabeza.
FISIDIAN (Pisidia). Ruido que se hace con la boca. Ya que los hebreos, como dije antes, no tienen en su alfabeto la letra "P" para escribir PISIDIA, lo hacemos con la "F".
FELICEM Hundimiento de la estructura o temor de ello.
FESTO Por boca de muchos.
GALILEOS Volubles o que ruedan, giran.
GAMALIEL Retribución de Dios.
GAZA (נעזה). Su fuerza. La letra נ está añadida puesto que en hebreo este nombre empieza con la letra ע.
GALLIONIS Del que transfiere.
GALACIA Magnífica o transportada.
JERUSALEN Visión de paz.
JUAN Gracia del Señor.
JOSE Aumento.
JUSTO Que guarda. También, él mismo se levanta o endereza.
JOEL Con Dios incipiente, o bien, es Dios.
JONATAN La paloma otorga o la paloma viene.

JOPE Hermosura.
ITALICA Desviación del alma.
JESAR (Jesé). Isla del sacrificio.
JASONIS Del que desea, o bien, hizo un encargo.
JULIO Incipiente.
ICONIO Preparación o consolación.
LIBIA Los que vienen. También, entrada, en plural.
LEVITAS Añadidos.
LIBERTINOS De los que hacen limaduras de cobre o cortezas vacías.
LIDA Utilidad.
LUCIO El mismo se endereza, se yergue.
LICAONIA Para levantarse o erguirse.
LISTRA Que engendra lo bello.
LIDIA Edificada de antemano.
LISIAS Engendrado.
LICIA Del que vierte lágrimas.
LAISA En la salvación.

Casi todos los nombres hebreos que empiezan con la letra "L", indican un sentido de la izquierda o riguroso.

MATEO Recompensado.
MARIA Iluminada (V, Not. LV).
MEDI Medidores o medidos.
MESOPOTAMIA Invitación elevada, pero mejor citar la etimología griega que indica que es una región situada entre dos ríos: el Tigris y el Eufrates [LXI].

LXI. Mesopotamia. Región de Asia entre los ríos Tigris y Eufrates de dónde tomó su nombre pues en griego μεσος, *mesos*, quiere decir medio, y ποταμος, *potamos*, quiere decir río.

MADIAN En un juicio o del juicio.
MELOC Nuestro rey a quién también suelen llamar MELCHON.
MARCOS Elevado por la misión o encargo.
MANEM Castillo o fortaleza.
MISIA Contacto o caricia.
MACEDO Nombre que nosotros podemos traducir como oriental o de oriente, pues en hebreo se lee מקדם
MITILENE Que desvía o cambia de residencia.
MILETO Generador, procreador.
MNASONEM Que consuela o reposa.
MIRRA Amarga.
MILITINE Sobre la debilidad, o bien, mandamiento de humildad.
NAZARIO Puro, limpio, santo, o bien, separado.
NICANOR La lámpara se mantiene.
NICOLAS Del insensato desaliento de la iglesia.
NÍGER. Ascendente.
NEAPOLIM Conmoción admirable.
NASON Que predice o augura.
PEDRO Que conoce o desliga.
PONTI Perfectamente divisibles.
PONTUS Que inclina.
PAMFILIA Convertidos desde la ruina. También, que cae en la división.
PONCIO Que desoye el consejo.
PILATOS Boca de martillo.
PROCORO Fruto reunido.
PARMENA Que reparte integridad.
PASCUA Paso, tránsito.
PAFUM Que cae la redención
PARION (φόρον). Que descubre.
PERGE Vorágine.
PITONA Boca de abismo.
PRISCILA Que reconoce.
PIRRO Que desliga, disuelve.
PATARA Que separa.
PTOLOMEO Que deduce para evaluar.
PORTIO Que separa la dureza de ellos.
PUBLIO Su tabernáculo.
PUTEOLI Que declinan.
ROMANOS Sublimes o que retumban.
RAFAM Vuestras obras o relajación de ellos.
RODE Vidente o fuerte.
RODUM Visión o descenso.
REGIO Pascua de ellos.
ROMAN Sublime o retumbante.
SAMARIA Vigilante.
SIMON Sometido a la amargura o a la tristeza.
SALOMÓN Pacífico.
SAMUEL Dios su nombre.
SADUCEOS Justificados.
SAFIRA Narradora, literata, librera o copista, pero en siríaco significa hermosa[51].

---

51. Safiram, significa literata, narradora y su letra inicial es ס, es decir, ספירה, pero en siríaco esta palabra se escribe con ש, es decir, שפירה que en hebreo significa hermosa.

STEFANO (Esteban). Vuestra norma o forma de ser, o bien, σκοπόν, es decir, tener los ojos fijados en vuestra norma, finalidad o forma de ser[LXII].
SICHEM Húmero (hueso).
SINAI o bien SINII[52], que puede interpretarse como su orden o medida. También, como prueba o experimentación[LXIII].
SAULO Tentación de mirar hacia atrás o de volver la cabeza. También, saciedad, saturación.
SARONA Que canta la tristeza.
SIDONIOS Cazadores.
SELEUCIA Se levanta a sí misma, o bien, experiencia del camino o de la vía. También ir hacia la llamada o vocación.
SALAMINA Sombra de emoción, sacudida, conmoción, o bien, oleaje, agitación de las aguas. También, acatamiento del juicio.
SERGIO Al comienzo del valle, o bien, pequeño jardín.

SAUL Petición o codicia.
SILAS Enviado.
SIRIA Elevado, sublime según la etimología hebraica, pero hay que decir que Siria en hebreo se llama ארם, o sea ARAM[LXIV].
SAMOTRACIA Audición de la revelación o de la respuesta.
SOSTENES Sal a salvarles, o bien, me da una alegría.
SCEVA Una zorra pequeña chilla.
SOFATER Narrador.
SECUNDUS Que eleva.
SAMOS Lo oído o que se oye.
SICARIOS Borrachos o aficionados al vino.
SEBASTE (Samaria). Que da vueltas, o bien, círculo o movimiento circular, si empieza con la letra ס.
SMONEM Nombre del habitáculo.
SIRTES Angustia o tribulación, pero mejor sería traducirlo como "arrastró", como hizo Salústio [53].

LXII. Στεπανος, Estefano o Esteban, corona destinada al vencedor. Es pues la norma o el modelo a quién todas las miradas deben dirigirse.

52. En algunas ediciones de la Vetus Latina (versiones latinas de la Biblia anteriores a la Vulgata de San Jerónimo), encontramos SINAI traducido como los zarzales, abrojos o matorrales espinosos donde Moisés vio a Dios (Ex.3).

LXIII. Sinaí, en hebreo סיני, también, sabio o erudito. Si escribimos סין (sin) lo traduciríamos como barro. Si escribimos נסיני, sería prueba, experimentación.

LXIV. Siria, en hebreo סוריה; su lengua, es decir el סורסית, significa a la vez, siríaco y arameo.

53. Salustio, en su obra Sobre la guerra de Yugurta (rey de Numidia vencido por Mario), en su capítulo 78 que habla de la ciudad de Leptis dice: "Situada entre dos sirtes" que son escollos de arena muy peligrosos para la navegación y los sitúa al norte de Africa, entre Cartago y Cirene. En el mismo capítulo Salustio dice: "El nombre de sirtes viene de la palabra arrastró (es decir, συρφω) porque las naves quedaban completamente encalladas en la arena y habia que arrastrarlas".

SIRACUSA Muro de la ciudad, muralla, o bien, tapa de la boca del pozo o de la alegría.
TIMON Abundante, lustroso rico.
TABITA Gamuza, corzo, cabra.
TIRO Para la angustia, que como ya hemos dicho procede de צר, angustia.
TROAS Descanso.
TIRANOS Que los conforta o mantiene.
TERTULO Que se complace en el estiércol o montón de cualquier clase de materiales acumulados por ellos.
TABERNA Visión de ellos o buena visión.

Hasta aquí, hemos traducido los nombres que empiezan con la ô griega, a partir de ahora, traduciremos los que empiezan con la θ.

TEOFILO Levantad al que lleva, o que lleva o al convertido o girado, pero sería mejor seguir la etimología griega traduciendo este nombre como el amado de Dios.
THOMAS Dídimo, es decir, gemelo. También, abismo (V. Not. LVII).
THEUDAS Alabanza o que coge. También, signo.
THARSENSE Investigador de la alegría.
THIATIRA Iluminada.
TESALONICENSE. Reafirmar la solidez o la rapidez de la sombra.

Epístolas Canónicas o Universales

EPÍSTOLA DE SANTIAGO

ABRAHAM Padre que ve a la multitud.
ELIAS El Señor Dios.
ISAÍAS Salvación del Señor.
JOB Grande.
JUNIA Que empieza.
JASÓN Hecho por encargo.
RAAB Dilatada.
SABAOT De las virtudes o del ejército.

I EPÍSTOLA DE SAN PEDRO APOSTOL

ASIA Que eleva.
BITINIA Pequeña virgen o hija del Señor.
BABILONIA Confusión o desviación.
CAPADOCIA Mano redimida en el Señor.

GALACIA Separada o emigrada.
MARCOS Elevada por la misión.
PONTO Que rechaza.
SARA Princesa.
SILVANO Enviado.

II EPÍSTOLA DE SAN PEDRO APOSTOL

BALAAM Pueblo vano e inútil. También, su acción de devorar.
BEOR En la tribulación carnal o de piel.
CAPADOCIA Mano que redime al Señor.
ELECTE Ascendentes.
GALACIA Emigrada.
GOMORRA (נמרה). Temor del pueblo o ceguera. Este nombre también puede empezar con la letra ע en lugar de la נ.
LOT Vencido o desviado.
MARCOS Elevado por la misión, o bien, limpio por frotación. También, amargo.
NOE Descanso.
PONTO Que rechaza.
PAULO Admirable.
SARA Princesa.
SIMON Oyente.
SODOMA Sobre los que no hablan.
SILVANO Enviado.

I EPÍSTOLA DE SAN JUÁN APOSTOL

CAIN Posesión.

III EPÍSTOLA DE SAN JUÁN APOSTOL

DIOTREFES De buena apariencia pero insulso, o bien, atractivo insensato.

DEMETRIO Fuerte para perseguir, o bien, bastón duro para derribar.
GAYO Movible, que se puede mover.

EPÍSTOLA DE SAN JUDAS APOSTOL

AEGIPTO (Egipto). Tinieblas o tribulación.
ADAN Hombre.
BALAAM Pueblo inútil o vano.
CAIN Posesión.
CORE Calvicie. También, hielo.
DIABLO Caído, degenerado o encerrado en el calabozo.
ENOC Dedicación.
GOMORRA Temor del pueblo o ceguera.
MICHAEL (מיכאל, Miguel). ¿Quién como Dios?
MOISÉS Que palpa o que pone la mano sobre algo. También, apacigua, ablanda, mitiga.
SODOMA Ganado que no habla.

EPÍSTOLA DEL APOSTOL SAN PABLO A LOS ROMANOS

ABRAHAM Padre que ve al pueblo.
ADAN Hombre, o bien, nacido de la tierra.
ABBA Padre. Es un nombre siríaco.
ACHAIA (Acaya). ¿Qué hermano?, o bien, su hermano, hermano del Señor o el Señor hermano.
AQUILA Que sufre o pare.
ASIA Elevada o escalonada.
ANDRONICO Adecuado para estar erguido, o bien, que responde. También, que piensa, o bien, alimento.
AMPLIAS Pueblo golpeado.
APELES Les asocian o congregan.
ARISTOBULO Brote que se erige o se alza con dolor.
ASINCRITO Que dirige el incensario.
BENJAMÍN Hijo de la derecha.
BAAL Que posee o devora.
CENCREA Que se adueñan o apoderan. También, secuaces.
DAVID Deseado.
EPENETO Revestido.[54]
ERMAS (Hermes). Arrastrado o seducido. También, nuestro anatema.
ERASTO Mi hermano vidente o que vigila.

Los tres nombres que siguen, debe iniciarse con "H".

HESEIAS (Isaías). Salvación del Señor.
HELIAS (Elías). Señor Dios o Señor fuerte.
HERODION Que tiene miedo.
FARAÓN Que lo descubre.
FEHEN Que edifica o da buen ejemplo con la boca.
FLEGONTE Que disecciona o divide.

---

54. Este nombre figura en ésta epístola 16,5 y en griego se escribe Επαίνετος, laudable, digno de alabanza.

FILÓLOGO El primero en elocuencia, o bien, mi boca. También, éstos en el jardín.

GOMORRA Temor del pueblo o ceguera.

GAYO Movible o que se puede mover. También, el valle o la llanura.

JUDA Que confía o glorifica.

JESUS Salvador.

ISRAEL. El hombre que ve a Dios.

ISAAC Risa.

JESSE Ofrenda o libación de la isla.

ILIRICO Advenedizo, extranjero, pero también, comienzo, primer elemento o materia, según el sentido de la frase.

JERUSALÉN Visión de paz.

LUCIO Él mismo se eleva o levanta.

MOISÉS Que toca con las manos, o bien, apacigua, sosiega.

MACEDONIA Oriental.

MARIA Que ilumina o iluminada (V. Not. LV).

NARCISO Subida de la alegría. También, lámpara que abre, rasga o que recoge y acumula.

NEREO Lámpara del Señor.

OSEAS Salvador.

OLIMPAS Habitación o lecho para el parto.

PAULO Admirable o elegido.

PRISCO Que reconoce.

PERSIDA Que se opone a sus compañeros o parientes.

PATROBAS Que le desliga, o bien, su vidente.

QUARTO Que resuena o golpea. También, superfluo.

REBECA. Mucha paciencia, o bien, la que habrá recibido mucho.

RUFO Que nos cura o bien que nos restituye o recupera.

SARA Princesa.

SABAOT De las virtudes o de los ejércitos.

SODOMA Ganado callado o estéril.

SION Mirador u observatorio elevado.

SPANIA (España). Acción de ceñirse las armas o preparativos de guerra, sin embargo, sería más correcto escribir HISPANIA.

STAQUIS (Estaquis). Que compone canciones.

SATANAS Adversario, contrario.

SOSIPATER Que salva a los dispersos.

TRIFENA Que hace señas con la cabeza. También, que vuelve.

TRIFOSA Claramente, evidentemente.

TIMOTEO. Benéfico.

TERCIO Que añade o se adhiere.

URBANO Que disfruta de la luz.

I EPÍSTOLA DEL APÓSTOL SAN PABLO A LOS CORINTIOS

APOLOS Milagro, prodigio, o bien, que los congrega.
ACHAIA (Acaya). Un hermano mío, o bien, mi hermano el Señor.
AQUILA Que pare o sufre.
BARNABAS Hijo de la consolación.
CORINTO Soldados romanos o sus decuriones.
CEFAS Pedro. Es un nombre siríaco.
CRISPO Conocedor.
CLOE Que buscan con cuidado. También, todos, pero mejor sería traducirlo como conclusión o consumación.
DAMASCO Copa de sangre.
EFESO Mi voluntad en ella o mi alma en ella.
EVA Vida o calamidad.
EBREOS (Hebreos). Transeúntes.
GAYO Conmovido.
GALACIA. Magnífica o transportada.
JUDIOS. Con los confiados o con los que alaban.
JACOBO Hace caer o echa el lazo.
JERUSALÉN Visión de paz.
MOISÉS Que toca, palpa, apacigua o sosiega.
MACEDONIA Oriental
MARANATHA Nuestro Señor viene. En un nombre siríaco.
PRISCA Que conoce.
SOSTENES Que salva en su momento.
STEFANAS (Estéfanas). Vuestra regla. También, vuestro observador o vuestro juez.
SILVANO Enviado.
SATANAS Adversario.
SABBAT Descanso.

II EPÍSTOLA DEL APÓSTOL SAN PABLO A LOS CORINTIOS

ASIA Que se lo lleva consigo, que se dirige hasta el fin, o bien, que lo lleva a cabo.
ABRAHAM Padre que ve a la multitud.
ARETA Estupor. También, descenso.
BELIAR Ciega de angustia, o bien, luz ciega. También, hijo de la prevaricación. Pero sería más correcto decir BELIAL.
DAMASCO Copa de sangre.
EVA Calamidad o vida.
EBREOS (Hebreos). Transeúntes.
ISRAELITAS Varones videntes de Dios.
SILVANO Enviado.
SATANAS Trasgresor o adversario.
TROADEM Descenso. También, anchura, extensión.
TITO Buscador o bueno, pero mejor sería decir cambiado.

II EPÍSTOLA DEL APÓSTOL SAN PABLO A LOS GÁLATAS

ARABIA Humilde, o bien, occidental.
ANTIOQUIA Silencio de la pobreza.
ABRAHAM Padre que ve la muchedumbre.
ABBA Padre. Es un nombre siríaco.
AGAR Extranjera. También, que convierte.
CILICIA Préstamo. También, llamada lamentable.
DAMASCO Copa de sangre.
JUDAÍSMO Confesión, testimonio.
JERUSALÉN Visión de paz.
JACOBO Que hace caer o echa el lazo.
JUAN Gracia del Señor. También, a quien fue dado.
ISAAC. Risa.
ISRAEL. El que ve a Dios.
PEDRO Que desliga o descalza.
SIRIA. Sublime.
SINA Su medida o prueba.

II EPÍSTOLA DEL APÓSTOL SAN PABLO A LOS EFESIOS Y A LOS FILIPENSES

BENJAMÍN. Hijo de la derecha.
COELET (Koeleth). Eclesiastés o que reúne la asamblea. También, predicador.
EPAFRODITO Fructífero.
EBREO (Hebreo). Que pasa, que transita.
EVODA Que aprehende, capta o coge al Señor.
FILIPENSES Boca de las antorchas.
FARISEO Olvidadizo.
FILIPOS Boca de las lámparas.
SINTIQUE Lenguaje, idioma, o bien, en griego ἀδολεχίαν que nosotros podemos traducir como cantinela, estribillo, verso satírico, o bien, canturrear.
TESALÓNICA Mantenerse en la sombra. También, alegría.

II EPÍSTOLA DEL APÓSTOL SAN PABLO A LOS COLOSENSES

ARISTARCO Que eleva la corona.
ARQUIPO Extensión de la obra, o bien, engaño de la boca. También, trampa amplificada.
BARNABAS (Bernabé). Hijo de la consolación.
COLOSAS Hechas para la voz.
DEMAS Silencioso.
EPAFRAS Fructífero, o bien, verdaderamente vidente.
JESUS Salvador.
JUSTO Sobrio, moderado, o bien, que guarda. También, él mismo se eleva.
JERAPOLI (Hierápolis). Juicio a, o para el superior.
LEODICIA Pueblo amado del Señor, pero mejor sería traducirlo como natividad ansiada.
LUCAS Él mismo se levanta o él mismo se eleva.
MARCOS Elevado por el encargo o la misión, o bien, amargo. También y sin duda quiere decir, desgastado, pulido.
NINFAS Aplicada a la boca de ellos.
ONESIMO Para el digno o que responde.
TIQUICO Que calla.

II EPÍSTOLA DEL APÓSTOL SAN PABLO A LOS TESALONICENSES

ACHAIA (Acaya). ¿Quién es mi hermano?, o el Señor mi hermano.
ATENAS Aniquiladas por el tiempo.

SILVANO Enviado.
SATANAS Adversario, trasgresor.

II EPÍSTOLA DEL APÓSTOL SAN PABLO A LOS HEBREOS

ABRAHAM Padre que ve a la muchedumbre.
AEGIPTO (Egipto). Tinieblas o angustia.
AARÓN Montaña de fortaleza.
ABEL Llanto, luto.
BARAC Fulgurante.
CAIN Posesión.
DAVID Deseado, bienamado o de mano fuerte.
ENOC Dedicación.
ESAU Rojo. También, montón de piedras.
EBREO (Hebreo). Que pasa.
FARAÓN Lo desnudó o lo dispersó.
FASE Tránsito o paso que se interpreta como la Pascua.
GEDEON Experiencia de iniquidad.
JESUS Salvación o salvador.
JUDAS Que confiesa o alaba.
ISAAC Risa.
JACOB Suplantador.
JOSE Que añade o aumenta.
JERICO Su olor. También, luna.
JEFTE Abrió, o bien, del que abre.
LEVI Añadido.
MOISÉS Que palpa o sosiega.
MELCHISEDEC (Melquisedec). Rey justo.
MANNA ¿Qué es eso?
NOE Descansó o que descansa.
RAAB Si la letra de en medio es una ע, es decir רעב, significa hambre, apetito, si es una ה, es decir, רהב, significa orgullo, arrogancia y si es una ח, es decir, רחב, significa anchura, amplitud.
SABBAT Descanso.
SALEM Paz.
SARA Princesa.
SANSÓN El sol de ellos.
SAMUEL Dios su nombre.
SION Puesto de observación elevado.

I EPÍSTOLA DEL APÓSTOL SAN PABLO A TIMOTEO

ALEXANDER (Alejandro). Que libera de la angustia de las tinieblas.
ADAN Hombre.
DIABLO Caído o encerrado en prisión.
EFESO Su voluntad.
EVA Calamidad o ¡ay de mí! También, vida.
GALACIA Traslado.
GALIA Que traslada.
JANES Marino, o allí está el signo.
JAMBRES Mar de piel, de cuero, o bien, mar en la cabeza.
ONESIFORO Que responde a la narración.
PONCIO Que desoye el consejo.
PILATOS. Boca de martillo, o bien, que aplasta o domina con la boca.
SATANAS Adversario.
YMENEO (Himeneo). Que tiene sueño.

II EPÍSTOLA DEL APÓSTOL SAN PABLO A TIMOTEO

ASIA Elevación.
ARQUIPO Extensión de la obra.
ARISTARCO Monte de obra superflua.
ANTIOQUIA Silencio de la pobreza.
AQUILA. Que sufre o pare.
CRESCENTE Tenebroso.
CARPO Claramente conocedor.
CORINTO Surge él mismo.
CLAUDIA Esperanza de tranquilidad.
DAVID Deseado o fuerte de mano.
DEMAS Silencioso, o bien, de tierra. También, sanguíneo.
DALMACIA Gran pobreza.
EUNICE Del que prepara o provee.
EVODIA Que aprehende o capta al Señor.
ERMOGENES (Hermógenes). Monte escudriñado.
EFESO Su voluntad.
ERASTO Hermano vidente.
EUBULO Compañero de domicilio.
FIGELO Que sale a su encuentro, o bien, corre en dirección contraria.
FILON Faz de Dios.
FILETO Que se desvía. También, mi boca.
GALACIA Magnífica. También, traslado.
ICONIO Convocada. También, dura, resistente, pero sería mejor traducir este nombre como, ¿dónde está el caramillo o la flauta?
LOIDA Que persiguió la utilidad.
LISTRA Utilidad de la angustia o de la tribulación.
LUCAS El mismo se eleva o levanta.
LINUS Blanco. También, flautista.
MOISÉS Que palpa o toca.
MEMBRANAS Abiertas o manifiestas.
MILETO. Engendrar, procrear, o bien, ¿Quién es de éste?, ¿a quién posee éste?
PRISCA Que reconoce.
PUDENTE Asumir, aceptar un consejo.
ROMA Excelsa, o bien, trueno.
TROAS Para el sirviente.
TROFIMO Que desliga o separa los tálamos nupciales

EPÍSTOLA DEL APÓSTOL SAN PABLO A TITO

ARTEMAS Que maldice o excomulga. También, que perturba o altera.
APOLOS Admirable.
CRETA Vocación consumada.

NICOPOLIS. Brote renuevo, o bien, principio de mi protección.
ZENAS Su conmoción o que lo conmueve. También, él mismo descansado.

EPÍSTOLA DEL APÓSTOL SAN PABLO A FILEMÓN

PIA Contiguo, próximo, o bien, continencia, moderación. También, libre.
ARQUIPO Extensión de la obra.
DEMAS Silencioso.
EPAFRAS Nombre que nosotros podríamos traducir como creciente o aumento.
FILEMÓN Admirablemente dotado. También, boca del pan de ellos.
ONESIMO Que responde.

APOCALIPSIS DE SAN JUAN

ASIA Elevación.
AMEN Verdadero o fiel.
ASER Felicidad o feliz.
AEGIPTO (Egipto). Tribulación.
ARMAGEDON (הרמגדון). Levantamiento o elevación del techo, o bien, elevación hacia delante. También, monte de bandoleros o salteadores de caminos, o bien, monte esférico o redondo.
ALELUYA Alabad al Señor.
BALAAM Pueblo inútil.
BALAC Que aplasta.
BENJAMÍN Hijo de la derecha.
BABILONIA Confusión o traslado.
DIABLO Caído abajo.
DAVID Deseable.
EFESO Mi voluntad o mi consejo.
EUFRATES Fructífero.
FILADELFIA Que salva al adherido del Señor.
GAD Tentación.
GOG ($\delta\omega\mu\alpha$). Techo.
JEZABEL Flujo sanguíneo, o quizás mejor ¡allí está el estercolero!
ISACHAR (Isacar). Es el salario.
JOSE Que aumenta, acrecienta.
JESUS Salvador.
LAODICIA Pueblo amado del Señor.
LEVI Añadido.
LABADON Que corrompe o destruye[55]. También, a favor de lo que destruye, pero mejor sería traducirlo como aislado de ellos.
MANNA ¿Qué es esto?
MANASES Olvidadizo o que se paraliza de estupor.
MICHAEL (Miguel). ¿Quién como Dios?
MAGOG Desde el techo o ¿Qué es el techo?

---

55. Del hebreo אבד, perderse, perecer, destruir, de donde procede אבדון (*Abadai*), nombre que figura en el Apocalipsis y que se traduce como perdición o infierno.

NICOLAITAS Expansión[56], o bien, la iglesia languidece. También, estupidez de la iglesia abatida, desalentada.
NEFTALI Del que se convierte.
PAULO (Apolión)[57]. Para la boca de ellos, o bien, para la boca de la trompeta.
PERGAMO Para el que divide o separa los cuernos[LXV]. de ellos. También, para el que divide el valle.

RUBEN ¡Ved un hijo!, o bien, ived en medio!
SMIRNA (Esmirna). Cántico de ellos.
SARDIS Para el príncipe de la hermosura.
SATANAS Adversario o trasgresor.
SIMEON Que es escuchado en las tristezas.
SODOMA Rebaño silencioso.
ZEBULON Habitáculo de hermosura.

---

56. En algunos manuscritos se lee "efluxio" (desagüe), en lugar de "effusio" (expansión).
57. Se refiere a Abadon (V. Not. 55), que en griego es Apolión (Ap.9,11), es decir, destructor.
LXV. San Jerónimo escribe CORNUA, es decir, cuernos, que también significa puntas, extremos o embudos. También, alas o flancos de un ejército.

EPÍSTOLA DE BERNABÉ[58]

ABRAHAM Padre que ve al pueblo.
ADAN Hombre.
AMALEC Pueblo que lame o pueblo de boca prominente (V. Not. 18).
DAVID Deseado, bienamado.
EVA Calamidad o ¡ay de mí! También, vida.
EFRAIM Fructífero o abundante.

MENASES Olvido.
NAUM Germen.
REBECA Paciencia.
SABBAT Reposo.
SION Mirador o atalaya.
SINA Medida, orden o experimentación.
SATAN Adversario.

---

58. Debemos señalar que esta epístola se dejaba para el final del volumen del Nuevo Testamento porque desde la antigüedad, los primeros cristianos la leían (al final del ritual litúrgico) para edificación de los fieles.

DICCIONARIOS UTILIZADOS

BAILLY, A. *Dic. Grec-Français*. Ed. Hachette. París, 1963.
BLAISE, A. *Dic. Latín-Français d'Auteurs Chrétiens*. Ed. Brepols, S.A. Turnhout (Belgique), 1954.
COMAY, E. *Dic. Español-Hebreo*. Ed. Achiasaf. Tel-Aviv, 1993.
COROMINAS, J. *Dic. Crítico, etim. de la Lengua Castellana*. Ed. Gredos. Madrid, 1970.
COVARRUBIAS, S. de. *Dic. Tesoro de la Lengua Castellana*. Ed. Alta-Fulla. Barcelona, 1987.
ELMALEH, A. *Dic. Hébreu-Français*. Ed. Yavneh. Tel- Aviv, 1974.
ENCICLOPEDIA CATALANA, *Dic. Llatí-Català*. Barcelona, 1993.
FARRATER MORA, J. *Dic. de Filosofía*. Ed. Alianza Editorial, S.A. Madrid, 1979.
GRIMAL, P. *Dic. de Mitología griega y latina*. Ed. Paidós. Barcelona, 1981.
JASTROW, M. *Dic. of the Targumim, the Talmud Babli and Yerushalmi, and the Midrashic Literature*. New York, 1950.
NEBRIJA, A. *Dic. Vocabulario Latino-Español*. Ed. J. Rodríguez de Escobar. Madrid, 1726.
SEGURA MUNGUIA, S. *Dic. etim. Latino-Español*. Ed. Anaya. Madrid, 1985.
VALBUENA REFORMADO, *Dic. Vocabulario Latino-Español*. Ed. Mellado. Madrid, 1853.
VILLER, M. *Dic. de Spiritualité*. Ed. Gabriel Beauchesne. París, 1937.

ÍNDICE

Introducción 11
Cronología de las obras de San Jerónimo 15
La presente edición 19
Principales abreviaturas 23
Nota preliminar 29

Libros del antiguo testamento 31
  Génesis 33
  Éxodo 45
  Levítico 49
  Números 50
  Deuteronomio 57
  Josué .59
  Jueces 68
  Rut 72
  I de Samuel 73
  II de Samuel 76
  I de los Reyes 80
  II de los Reyes 84
  Salmos 89
  Isaías 91
  Oseas 93
  Amós 94
  Miqueas 95
  Abdías 96
  Jonás 97
  Nahúm 98
  Habacuc 99
  Sofonías 100
  Hageo 101
  Zacarías 102
  Malaquías 103
  Jeremías 104
  Daniel 107
  Ezequiel 109
  Job .113

Libros del nuevo testamento 115
  Evangelio según San Mateo 117
  Evangelio según San Marcos . . .121
  Evangelio según San Lucas 122
  Evangelio según San Juan 125
  Hechos de los apóstoles 126

Epístolas canónicas o universales 133
  Epístola de Santiago 135
  I epístola de San Pedro apóstol . .136
  II epístola de San Pedro apóstol .137
  I epístola de San Juan apóstol . . .138
  III epístola de San Juan apóstol . .139
  Epístola de San Judas apóstol . . .140
  Epístola del apóstol San Pablo
    a los romanos 141
  I epístola del apóstol San Pablo
    a los corintios 143
  II epístola del apóstol San Pablo
    a los corintios 144
  II epístola del apóstol San Pablo
    a los gálatas 145
  II epístola del apóstol San Pablo
    a los efesios y a los filipenses .146
  II epístola del apóstol San Pablo
    a los colosenses 147
  II epístola del apóstol San Pablo
    a los tesalonicenses 148
  II epístola del apóstol San Pablo
    a los hebreos 149
  I epístola del apóstol San Pablo
    a Timoteo 150
  II epístola del apóstol San Pablo
    a Timoteo 151
  Epístola del apóstol San Pablo
    a Tito 152
  Epístola del apóstol San Pablo
    a Filemón 153
  Apocalipsis de San Juan 154
  Epístola de Bernabé 156

Diccionarios utilizados 157